ずるい子育て

マジメをやめたら子どもが伸びた!

伸びしろを
最大化する
小学生の育て方
100

親野智可等
教育評論家　親力アドバイザー

ダイヤモンド社

「ずるい子育て」が目指すのは、親がラクになって幸せになることで子どもを幸せにすること

「ずるい子育て」――。

本書のタイトルにギョッとされた方もいらっしゃるかもしれません。

何も、「よその子を出し抜いて、自分の子だけずるい方法で成績を上げよう」とか、「裏口からいい学校に入れよう」というわけではありませんので、安心してください。

いま、生涯独身で過ごす人が増えています。理由はさまざま考えられますが、結婚しない理由のひとつに、いまの社会で子育てをすることのしんどさが挙げられるのではないかと思います。

ある調査によると、いま子どもをもつ女性の幸福度は著しく下がっているそうです。

「失われた30年」と言われる日本経済の衰退により、収入は増えない。一方で物価は上がり、生活費が重くのしかかる。そのうえ教育費は天井知らず。夫婦共働きは必須で、疲れきって家に帰ると、さらに子どもの世話が待っている。体力もお金も時間も削られ、自分の幸福はどこかに行ってしまう……こんなふうに感じている方が多いのでしょう。

収入も時間もすべて自分のために使える人のほうが幸福度が高いのも、うなずけます。

しかし、本書を手に取られたあなたは、**子どものいる生活には、大人だけの生活とは違う幸せや豊かさ、楽しさがある**ことをご存じだと思います。

本来なら、ほかに比べることのできない、楽しく幸せであるはずの子どものいる生活が、つらく苦しいものと感じられてしまうのは、なんとももったいないことでしょう。

本書は、そんな疲弊しきっている現代の親の皆さんが、ラクになって、本来の子育ての楽しさを味わいながら幸せになってほしいという思いで書きました。

それが結局、**子どもの幸せにつながり、ひいては子どもが自分で人生を切り開いていく力を育むことになるから**です。

では、どうすればいまよりもっと子育てがラクで楽しいものになり、子どももグングン伸びて親子ともども幸せになれるのでしょうか？

私は、ビジネスにおける「コストパフォーマンス」「タイムパフォーマンス」の考え方を、子育てにも取り入れることが必要だと考えます。つまり、「効率」を大切にするということです。

子育てや教育では、「効率」という言葉は悪者にされてきました。その結果、必要以上にたいへんなものになってしまったのです。いまこそ発想を転換して、親も子もラクで楽しくて最大限の効果が上げられる方法を実践していきましょう。

それが「ずるい子育て」です。

そもそも、「子どもを伸ばしてあげたい」「学力を高めてあげたい」「もっともっと……」という願いは親の本能のようなものです。

しかし、スーパーマンでもない限り、子育てに関わる活動——しつけ、食事、遊び、運動、勉強、習い事、地域や学校での交流、受験など――すべてに100%の力をそそいで完璧にやることはできません。

その結果、親の願いが空回りしてイライラしたり、一生懸命やっているわりには子どものためになっていなかったりということになりがちです。

ぜひ、**もっと効率的な方法を取り入れて、抜くべきところは手を抜いてください。**

本書では、実際に日常生活の中で「ずるい子育て」を実践していただける方法を100個提案します。それらの方法は、次の5つの考え方をもとにしています。

ずるい子育て5カ条

❶ しつけより能力アップ

しつけの大半は、大きくなれば自然とできるようになることばかりです。それならばいまできなくても目をつぶり、いましか伸ばせないあと伸びするための力を身につけさせるほうが得策です。

❷ 親の常識より子どもの適正

勉強しないと将来困ると思われがちですが、小学校で習うレベルの知識はあとからでも十分入ります。それより、いま子ども自身が進んでやりたがることに賭けてみましょう。

❸ 親も自分の人生を楽しむことを忘れない

子育てを優先し、自分自身が楽しむことを忘れていませんか？「子どもから手が離れたあとで……」と考えていたら、自分の人生を楽しむ時間がなくなってしまいます。子育て中に親が自分の楽しみをもつことは、禁じられているわけではないのです。

❹ 勉強より熱中体験で勝手に伸びていく

もっとも手がかからず、それでいて効果絶大なのが、子どもが熱中していることを思う存分やらせる、ということです。たとえゲームであっても構いません。無理やり勉強させなくても、熱中することで子どもの世界は自動的に広がり、地頭がよくなり、生きる力がついていきます。

5 子どもは他人

どんなにかわいい我が子でも、自分とは違う人間。親の思うとおりになることなどひとつもないと思っていたほうがよいでしょう。それならば、親がやるべきことは、子どもをコントロールすることではなく、その子に合った環境や手段を見つけてあげること。いま、社会は過渡期であり、教育環境もどんどん変わっています。自分世代の常識は捨て、我が子が無理なく力を発揮できる場所を見つけてあげましょう。

以上が「ずるい子育て」の基本の考え方です。大事なのは、情報が多く忙しい現代では、仕事と同じように**子育てにおいても作戦が必要だということ。そして、すべてをきちんとやろうとせず、諦めるべきことは諦めること**です。諦めると決めたことに対して、親として罪悪感をもつ必要はありません。

「ずるい子育て」とは、親自身が幸せであることで子どもを幸せにしようとすることです。本当は決してずるくはないのです。

2章 ずるい子育てで生活習慣が身につく

3章 ずるい子育てで学校生活がラクになる

5章 ずるい子育てで地頭がよくなる

6章 ずるい子育てで非認知能力が育つ

1章

ずるい子育てで しつけ がうまくいく

しつけようとしなければ、しつけはうまくいくものです

辞書を引くと、しつけとは「礼儀作法を身につけさせること」(『角川新国語辞典』(KADOKAWA))とあります。具体的にいうと、食事のマナーやあいさつ、身だしなみ、公共の場でのふるまいなど、社会生活を送るうえで必要な礼儀や行動といえるでしょう。子どもがこういったことができていないと、「しつけがなってない!」と言われてしまうので、親のみなさんはとても気になる部分だと思います。

では、しつけをうまくやるにはどうしたらよいでしょうか? 私はふたつのことをお伝えしたいと思います。

ひとつは、ことさらにしつけをしようとしなくても、おうちの方が普通程度の礼儀作法を身につけていれば、子どもも自然とそうなるということです。子どもは、親

が思う以上に親をよく観察しています。なぜなら、どんな生き物でも、生きるために親と同じような行動をしようとするからです。ですから、とくに何もしなくても親と同程度の礼儀作法は自然と身につけていきます。

もうひとつは、**しつけようとしすぎると、かえってしつけができなくなるということです。**当たり前ですが、子どもは子どもなので、まだ大人と同じような礼儀作法を身につけていません。それをきちんと身につけさせようとすると叱ってばかりになり、子どもは親への信頼感や生活のなかでの安心感を失ってしまいます。

そうすると、親への反発心が起きて、子どもは言われたことと反対のことをしたり、愛情が感じられず寂しくなって、親の気を引くためにいっそうよくない行いをしたりします。例えば、親は静かにドアを閉めていても、子どもは乱暴に閉める、といった現象が起こります。つまり、しつけようとすればするほどしつけができなくなるわけです。

ふだんから愛情をもって接していれば、子どもは大好きなお父さんお母さんを見て自然に学んでいきます。よって、「しつけより愛情」を優先させてください。

ずるい子育て
1

子どものしつけは、脳の発達を待つのが得策

↓ こんな効果が！

だいたいのことはいずれできるようになる

世論調査では、子どもに身につけさせる資質として「人に迷惑をかけない」ことが上位に入ります。その原因は、ひとつには、親御さん自身が「人に迷惑をかけるな」と言われて育ったこと。もうひとつは、「子どものしつけができないダメな親」と思われたくない親の気持ち。

たしかに子どもは脳の前頭葉が未発達なため、我慢が苦手です。でも、それはいずれできるようになります。幼い頃の一時期、少しくらいお行儀が悪くても問題ありません。問題なのは、周りの目を気にして叱ってばかりいると、子どもは「自分はダメな子だ」「したいことをしてはダメなんだ」と、生きるエネルギーを奪われてしまう場合があることです。

ずるい
子育て
2

叱りたいことは、テレビの生放送風にカンペ方式

こんな効果が！

互いにイライラしない

「片づけなさい！」「ちゃんと手を洗いなさい！」——子どもは一度では聞いてくれません。同じことを何度もくり返し、言うほうも言われるほうも疲れますね。

そこであるご家庭では、子どもに伝えたいことをカードにすることにしました。「急ごう」「早送り」「2倍速」「あと1分」「たたもう」などと書いたカードを用意しておき、その都度見せます。口で言うと互いにイライラするけれど、カードならそういうこともないそうです。

子どもにピアノを練習させているときも「テンポ速い！」「そこピアニシモ！」とつい言葉がきつくなってしまうので、「テンポ」「ピアニシモ」と書いたカードを見せるように変えたら平和になったそうです。

ずるい子育て

3

身支度が遅い子には、キッチンタイマーと速いテンポの曲が効く

こんな効果が!

叱る手間が省ける

食事、着替え、出かける準備をするときなどに子どもがノロノロしているとつい「早くしなさい！」と言いたくなるものです。毎度叱るのも疲れますから、使えるものは使って叱る手間を省きましょう。

おすすめはキッチンタイマーや砂時計です。子どもにも時間の経過がわかりやすく、「3分で着替えよう。よーいどん！」と言ってスタートさせると、ゲーム感覚で動けるようになります。「何分でできるかな？」と時間を計るのもいいでしょう。

速いアップテンポの曲をかけるのもおすすめ。流行りのダンスミュージックや「剣の舞」など学校の運動会でかかる音楽は、自然に体が動くようなリズムなので、パッパと動けますよ。

ずるい子育て
4

食事のマナーは、しつけなくても自然と親レベルになる

こんな効果が!

子どもは周囲の大人を見て真似る
食事が楽しくなる

口にものを入れたまましゃべらない、よい姿勢で落ち着いて食べるなど、食事のマナーは、子どものしつけのなかでも重要です。ただ、落ち着きのない子などに高いマナーを求めて叱っていると、食事の時間がつらくなり、食事自体へのネガティブな思いを持ってしまいかねません。

本来、食事は最高の喜びであり、生きる意欲の土台でもあります。また、人と楽しく会話をすることでコミュニケーション力を伸ばす機会にもなります。

食事の時間がつらいと、生きる意欲が減退したりコミュニケーション力が低下したりする可能性があります。子どもは親を見て真似るので、厳しく言わなくても親と同程度のマナーは自然に身につきます。

ずるい子育て
5

「好き嫌いが多いとわがままになる」は、根拠のない迷信

こんな効果が!

食卓が楽しくなる

子どもを「好き嫌いのない子に育てたい」と考える方は昔から多いようです。

好き嫌いが気になるのは、「好き嫌いが多い人はわがまま」「好き嫌いがある子は困難から逃げるようになる」という強迫観念のせいもあると思います。科学的根拠もないのにずっと言われ続けています。

はっきり言いますが、これは迷信です。味覚に個人差があるだけで、子どもの人格とは一切関係ありません。好き嫌いで叱るのは時間と労力の無駄です。

成長期の子どもにバランスよく栄養をとらせるのは確かに大事です。しかし嫌いなものを無理に食べさせなくても、同じ栄養をもつ別の食材を選べばOKです。何より優先すべきは食卓を楽しくすることです。

ずるい子育て6

子どもの好き嫌いは防衛本能なので、認めていい

こんな効果が!

子どもが安心する
食べられるものは
自然と増える

子どもに食べ物の好き嫌いがあるのは本能です。なぜなら大人と違い、見た目で食べ物の安全性を判断できないため、自分の身を守るために「すっぱいもの」や「苦いもの」を危険物として避けるからです。

つまり、なんでも食べようとしない子は、防衛本能が高い子だとも言えるのです。そう考えると、子どものうちに好き嫌いをなくすことにこだわるのは、子どもの本能に逆らっているといえないでしょうか？　親が神経質にならなくても、大人になるにつれて自然に食べられるものも増えていきます。

特定のものがまったく食べられない大人もいますが、それで人生に大きなマイナスがあるかというとそれほどでもないでしょう。

ずるい子育て
7

片づけが苦手なら、創造力に期待する

こんな効果が！

長所が伸ばせる

アインシュタイン
スティーブ・ジョブズ
片付けが苦手な偉人たち
これは…天才の仲間入りだ
ぐちゃ〜

世の中には片づけができない人がたくさんいますが、それは親のしつけのせいではなく生まれつきの資質によるものです。同じ親に育てられたきょうだいでも得意な人と苦手な人がいるのがその証拠です。

ミネソタ大学のヴォース教授の研究では、片づけができない人は、創造力が高い傾向があることがわかっています。

葛飾北斎（浮世絵師）、アインシュタイン（物理学者）、坂口安吾（作家）、ピカソ（画家）や、起業家のスティーブ・ジョブズ、マーク・ザッカーバーグらも片づけが苦手だと知られています。私の知人や教え子でも該当する人は多いです。

生まれつき苦手なことには目をつぶって、長所を伸ばしてあげてください。

ずるい子育て8

元気にあいさつができない子には、大人式の会釈を教える

こんな効果が!

子どもが追い込まれない
大人も納得できる

大きな声で元気にあいさつすることが、どうしても恥ずかしくてできない子はいます。とくに、道端で近所の人や友だちの親に会ったときなどは、困るようです。

　そんな子には、「軽く会釈する」という方法を教えてあげましょう。そして、会釈できたら「あいさつができたね」とほめてあげれば自信がつきます。

　朝、校門に教師や係の子が立ち、登校してくる子たちに大きな声で「あいさつ運動」をする学校もあります。確かにあいさつはコミュニケーションの第一歩で、社会生活に欠かせません。しかし、大人になって大声で元気にあいさつする人はあまり見ません。子どもだけに元気なあいさつを要求するのは不自然に感じます。

ずるい子育て

9

ついていいウソも子どもに教えておく

こんな効果が!

子どもの身を守り、人間関係を円滑にしてくれる

明日鬼ごっこするから公園集合ね
行きたいけど…その日親戚との用事があって…
ごめん…

子どもに「ウソをついてはいけない」と教える親は多いでしょう。確かに、人に不利益をもたらしたり、傷つけたり、迷惑をかけたりする「間違ったウソ」は許されません。

でも、自分を守るためのウソ、人間関係をよくするためのウソ、人のためになるウソなど、「正しいウソ」は必要なときもあります。

例えば、友だちからの気が進まない誘いに、「ありがとう。行きたいんだけど親戚の家に行く日なのでムリ」と答えるぐらいのウソはつけたほうがいいのです。ですから、子どもにウソの区別を教え、「正しいウソを上手に使うことも大切だ」と教えてあげましょう。

ずるい
子育て
10

性被害防止のために「水着ゾーンは大切」と教える

↓ こんな効果が！

性被害について知っていれば防げる

子どもは自分でも気づかないうちに性被害に遭うことがあります。防止のために、水着ゾーンの話をしておくと、子どもにも理解できます。

・水着で隠すところは自分だけの大切な場所。
・大人になるために大切なところだから、誰にも見せないし触らせないよ。
・誰かが見たり触ったりしようとしたら、はっきり「イヤ。やめて」と言おう。
・そういうことがあったら信頼できる人に話そう。
・人の水着ゾーンを見たり触ったりしてもいけないよ。

良質な性教育の絵本などもいろいろありますので、活用するといいでしょう。

ずるい子育て
11

ニュースを一緒に観ることで、子どもを犯罪から守る

こんな効果が！

犯罪から身を守る
親から大事にされているると実感する

本日は若者の間で流行っている闇バイトについて特集です
NEWS X
若者がハマる
闇バイトの実態
うまい話には絶対裏があるんだからね
気をつけてよ
パパ心配!!
テレビの音が聞こえないから……

いまは闇バイトや大麻所持など、犯罪の低年齢化が顕著です。２０２３年には、中学生が大麻所持で逮捕される事件がありました。

「うちの子がまさか」とは親なら誰しも思うことですが、未成年の犯罪はもはや他人事とはいえないのです。

子どもを犯罪から守るには、ニュースを観ていて子どもに関わりそうな事件があったときは、少し解説してあげるなど日頃から情報をシェアしておくといいでしょう。もちろん、そうした会話が気軽にできる信頼関係を築いておくことも重要です。

また、日頃から親に大切にされているという実感があると、子どもも危ない橋は渡らないものです。

ずるい子育て
12

やればできる子に気づかせる小ワザ3選

こんな効果が!

注意や叱る手間が省ける

毎朝、ベランダ菜園のミニトマトに水をやる仕事があるAさん。でも水やりをしょっちゅう忘れて叱られていました。

あるときお母さんの提案で、水を入れたペットボトルを枕元に置いて寝るようにしたら、まったく忘れなくなりました。

学校から体育着を持ち帰るのを忘れがちだったBさん。でも、ランドセルのフタの内側に「体育着」と書いた付箋を貼るようにしたら忘れなくなりました。

朝起きるのに時間がかかるCさん。枕元におしぼりを置いて寝て、朝目が覚めたらおしぼりで顔や手を拭くようにしたら、起きるのにかかる時間が半減しました。

ちょっとしたことで、叱ったり注意したりする機会は減らすことができます。

ずるい子育て
13

悪いご褒美といいご褒美の違い

こんな効果が!

親は準備がいらない
子どもはやる気が出る

「ご褒美」を利用する子育てには賛否両論ありますが、実はご褒美には悪いご褒美といいご褒美があります。

例えば、「宿題をやったら100円」「○○したら□□を買ってもらえる」など、「特別に用意するご褒美」は、ご褒美がないとやらなくなったり、子どもの要求がエスカレートしたりなどの弊害があるのでNGです。

でも、「勉強したらおやつ」「宿題をやったらアニメを見る」など、「どうせやることを順番を変えてご褒美化したもの」なら先ほどのような弊害が発生しません。

新たにご褒美を用意しなくても、「目の前のにんじん」効果を持たせられます。

ずるい子育て
14

聞く耳をもたない子に指示が入りはじめる、いい質問

こんな効果が!

とりあえず聞く耳をもつ
責任感が生まれる

「○○しなくちゃダメでしょ！」
「○○したほうがいいよ」

目的や言われ方はさまざまですが、子どもは大人から何かと指示をされがちです。子どもはそれに慣れてしまい、まともに聞いていない場合が多々あります。

こんなとき、一方的に指示内容を伝えるより、子ども自身に決めさせたり、選ばせたりすると、叱らなくてすみます。

例えば、「遊ぶ前に宿題をしなさい」ではなく、「遊ぶ前に宿題をするか、遊んでから宿題をするか、どっちにする？」とたずねて本人に決めさせるのです。

「自分で言ったことだから」という責任感が生まれ、人から言われるよりも「やらなくては」という意識が働きます。

ずるい子育て
15

だらしない子を直そうとするのはやめていい

こんな効果が!

親が直すことはかなり困難
大人になれば自分で気づいて直す

きょうだいで、ひとりはきちんとしているのに、もうひとりはだらしないということはよくあります。同じように育てても違いが出てくるのは、それが持って生まれた性質だからです。

「将来苦労するから、いまのうちに直さなくては」と、だらしない子を厳しくしつけようとする親御さんは多いものです。でも、もともとの性質を矯正するのはとても骨が折れますし、叱ってばかりになって親子とも自己肯定感が下がります。

本当に必要なことだったら、大人になれば必要性を感じて自己改造のスイッチが入ることが多いので、子どものうちに直そうと思わなくて大丈夫です。

ずるい子育て
16

幼い子には、絵本と人気キャラがしつけの最強パートナー

こんな効果が!

子どもが納得しやすい
親にも発見があって、
意外と楽しい

寝かしつけ、手洗い、あいさつ、食事、お友だちとのつき合い方、交通安全など、「しつけ絵本」といわれる絵本がたくさん出版されています。

絵を見ながら親子でおしゃべりすれば、幼い子にも効率的に生活習慣や社会のルールを伝えることができます。

もうひとつ、しつけに絶大な効果を発揮するのが人気キャラクター。SNSでしつけを紹介している方によると、キャラクターのお面をつけて「一緒にやろうよ！」と言うと、歯みがきや着がえなどを進んでやってくれるそうです。

キャラクターが声で励ましてくれるおもちゃも人気です。人気者の力を借りて乗り切りましょう。

ずるい
子育て
17

しつけの早道は、愛されている自信から来る素直な気持ち

こんな効果が!

愛されている自信が、他者への信頼感につながる

私が教師をしていたとき、マナーやお行儀が悪い子はたくさんいました。ですが、1学期から2学期になり、私との間にいい人間関係ができてくると、「お箸は箸箱に入れようね」と言えば、素直に「うん！」と聞いてくれるようになりました。ことさら厳しく注意しなくても、信頼感が生まれれば、子どもは聞いてくれました。

しかし、なかには仲よくなるのに時間がかかる子がいました。そういった子は、家で日常的に叱られているなど、大人に対して不信感をもつ子でした。

しつけをしたかったら、叱る前に親子関係をよくするのが早道です。「自分はこの人に大切にされている」と思えれば、素直な気持ちで受け入れてくれます。

親力アドバイス 1

家が散らかっていることを気にしない

疲れて帰ってきて、部屋がぐちゃぐちゃに散らかっていたらイライラしますよね。とくにきれい好きな方は、子どもが散らかすことが大きなストレスになり、「片づけなさい！」と子どもに強く当たってしまうこともあるようです。

しかし子育て中は、家をキレイに保つことは、優先順位としてはさほど高くはありません。疲れているのであれば、まずはご自分の心身を癒やすことが最優先です。

もしどうしても気になるなら、ゴミや出しっぱなしのものなどをひとつだけ片づけて、「今日はこれで十分」「今日もがんばった」と唱えてみましょう。それだけでも達成感があり、親自身の自己肯定感が高まって安らかな気持ちになれます。

2章

ずるい子育てで
生活習慣
が身につく

親が子育てを工夫することで、「人生でいちばん大事なこと」が教えられます

「ここにカバンを掛けられたら便利だな」と感じたらフックを取り付けたり、「明日は遅刻しないようにしよう」と思ったら目覚まし時計をかけたり。私たちは、仕事や生活がうまくいくよう、何かしら工夫をするものです。

しかし、子どもはまだ工夫するということを知りません。そのため、忘れ物をしたりやるべきことができなかったりと、日々残念なことが起こってしまいます。

そのとき親は、「何回言ったらわかるの！」「なぜできないの!?」と叱りつけたくなりますが、それでは解決になりません。子どもができないのは当たり前。ではどうすればよいかというと、親がするべきことは「叱らなくてすむ工夫」です。「叱ってすませる」のではなく「叱らなくてよいシステム」を作るのです。

「工夫しよう」というと、「そんなの面倒くさい」「ぜんぜんずるい子育てじゃない」と思われるかもしれません。でも、**子どもは思いがけずうまく動けるようになってうれしいし、親もいちいち叱らなくてすむのでストレスが減ります。**ほんの少しの手間でずいぶんラクになったと実感していただけるでしょう。

合理的な工夫をすると、物事がうまくいくだけでなく、もっといいことが起こります。それは、「うまくいかないことがあるときは、工夫をする」ということそのものを子どもに教えられるということです。

人生、うまくいかないことは必ず起こります。そんなとき工夫をしつづけられる人が、結果的に人生をよくしていけます。**親が工夫していれば、子どもも人生で工夫することを学ぶのです。**

反対に子どもが失敗したりうまくいかないとき、叱ってばかりだとどうなるでしょう？　こんなときも子どもは親の姿から学んでいます。何を学ぶかというと、「うまくいかないときは、それを理由に相手を責めればいい」「叱れば気持ちがスッキリする」ということです。私はこれを「裏の教育」と呼んでいます。**「言うことは聞かないけれど、することは真似る」という言葉の通りです。**

ずるい子育て

18

朝ゴキゲンに家を出るだけで、トラブル予防になる

こんな効果が!

視野が狭くならない

授業に集中できる

子どもが登校する時間は、通勤ラッシュの時間帯にあたり、交通事故が心配という方も多いでしょう。

朝、不機嫌な気持ちで家を出ると、交通事故や友達とのトラブル、ケガなどに遭いやすくなるという説があります。子どもはもともと視野が狭いのに、気持ちがふさいでうつむき加減になり、周囲に気を配る余裕をなくしてしまうからです。

モヤモヤを抱えていると授業にも集中できません。学力にも影響してしまうのです。

つまり、朝、子どもを機嫌よく送り出すことは、子どもの安全、学力向上につながり、たいへんコスパが高い行為だといえるでしょう。

ずるい子育て

19

朝、笑顔で送り出す黄金ルール3選

こんな効果が!

誰でもすぐできる
はかり知れない効果!

朝、子どもが機嫌よく出かけることは多くのメリットがあります。ちょっとしたことで気分は変わるのでやってみてください。

①ぎゅっとハグしてあげる

ふれあうことで子どもは愛情を感じます。時間も手間もかからず最大の効果がある方法です。

②ポジティブワードや掛け声を言い合う

最初におうちの人が元気に、「今日も頑張るぞー！　おー！」「今日も1日楽しもう！」などと言い、同じ言葉を子どもにくり返させます。言葉の力は大きいものです。

③くすぐる、おもしろい顔やポーズで笑わせる

笑うことは脳にとてもいい影響を及ぼします。笑顔で送り出しましょう！

ずるい子育て

20

自分が憂鬱でも子どもは気持ちよく送り出す

こんな効果が！

気分が上がって子どもにも移る

「今日は会議がある」「昨日の疲れが取れない」など、朝から憂鬱な方も多いと思います。親も人間ですから、常に朗らかにするのは難しいものです。

でも朝、家で叱られた子は、気持ちがダウンしてうまく学校のペースに入っていけません。

そこで提案したいのは「朝、起きたらとりあえず笑う」こと。嘘でもいいから笑顔でいると、セロトニンが出て実際に安らかで幸せな気持ちになるそうです。幸せだと笑顔になるのですが、笑顔になることで幸せになる面もあるわけです。

脳科学によると「『だまされやすい』という脳の特質をうまく使うことが大事」。とりあえず笑顔を増やしましょう。

ずるい子育て
21

鏡の自分に向かって
プラスの暗示を
かけさせる

こんな効果が！

自信がつく
毎日が楽しくなる

Ｉｎｓｔａｇｒａｍでよく見かける外国の風景で、子どもたちが朝、鏡に向かってポジティブな言葉を言ってから学校に行く動画があります。「今日も楽しく過ごします」「僕は友だちに優しくできます」「私は運動が得意です」「私はみんなに大切にされています」など、いわばプラスの自己暗示をかけているわけです。

実際に言うとその言葉を自分で聞くことになり、誰かに言ってもらったのと同じ効果があります。ぜひ声に出して言ってみましょう。鏡を見ながら言うのがたいへんなら、親がポジティブワードを言って、それを子どもにリピートさせてもいいと思います。親が自分で自分に言うのももちろん効果的です。

ずるい
子育て
22

忙しい子どものスケジュール管理ならおうち時間割

こんな効果が!

子どもが自分で管理できるようになる

いまの子どもたちは日々やることがいっぱい。そこで便利なのが、「おうち時間割」！　ホワイトボードに、放課後から就寝までの時間割の枠を作って、予定を書いたマグネットをつけていくものです。

うまくいく秘訣は、「やらなくてはいけないこと」だけでなく、「子どもがやりたいこと」のマグネットも作ること。例えばゲームを2時間やりたければ、2時間のマグネットを作らせます。

そして、宿題、夕ご飯、ゲーム、お風呂、ピアノの練習などのマグネットをつけていく。時間の流れが見える化されることで、「ここでゲームをやりたいから宿題はここでやる」など自己管理ができるようになります。

ずるい
子育て
23

時間になっても宿題をはじめない子は、画用紙1枚で解決

こんな効果が！

時間が意識できる
心の準備ができる

「時間を〝見える化〟するアイテム」として、もっとも手軽にできるのは「模擬時計」です。模擬時計は、画用紙などの大きな紙に実物大の時計を描いたものです。

例えば、宿題をはじめるのが5時なら、時計の針が5時を指している絵を描きます。そして、「宿題開始」と題名を書き、本物の時計の隣に貼っておきます。

すると、子どもは本物の時計の針が徐々に5時に近づくのが目に入り、無意識のうちに、「あと20分で宿題をはじめなきゃいけないな～」などと心の準備をします。

実際、私が教員時代に会議の終了時刻の模擬時計を貼り出しておいたら、ぴたりと終了することができました。大人でも効果大なのでとてもおすすめです。

ずるい
子育て
24

時間を見える化する
すごい道具

こんな効果が！

残り時間が感覚的にわかる
時間は無限ではないと気づく

ジリ ジリ ジリ…
はっ
残り20分

「時間通りにできない」「何をするにもスタートが遅い」「いつも遅刻する」など、子どものルーズさを気にする親御さんは多いものです。そんなときは、時間が目に見えるツールを与えるといいでしょう。

キッチンタイマーや砂時計も有効ですが、残り時間をはっきり実感できるおすすめの商品があります（※）。時計の分数をセットすると、時間の経過とともに色のついた部分が減っていくので、残り時間が感覚的にわかります。

子どもが時間を管理できないのは、大人と違って時間の経験値が低く、残り時間をイメージできないからです。彼らは時間が無限にあるように感じているのです。

※「時っ感タイマー」（ソニック）www.sonic-s.co.jp

ずるい子育て
25

ルーズな子には、テーマ曲をタイマーセット

こんな効果が！

指示しなくていい
叱る回数が激減

子どもの頃、昼休みや下校の時間に校内放送で決まった音楽が流れていませんでしたか？　特定の音楽と行動を結びつけることで、とくに指示しなくても、条件反射的に子どもに行動を促すことができるからです。

ある家庭では、勉強開始の曲をタイマーでセットしてあり、「その曲が流れ終わらないうちに勉強をはじめる」というルールになっていました。曲が終わるまでにはじめればいいので、子どももスムーズに遊びから勉強に移り変わる態勢ができます。

起床やゲームの終了時間などにも使えます。子ども自身に好きな音楽を選ばせると、「自分で決めた曲だから守らなくては」と感じるので、いっそう効果的です。

ずるい
子育て
26

「お腹すいた!」の大合唱をしずめるレンチンフルーツ

こんな効果が!

簡単でおいしい
栄養価が高い

仕事から疲れて帰ってすぐに、「お腹すいた！」「ごはん！」と子どもにまくしたてられるとほとほと困ってしまいますね。とりあえずご飯まで待てるよう、何か手軽なものを食べさせたいときは、フルーツがおすすめです。

ビタミン、ミネラル、食物繊維などが豊富に含まれているので、ジャンクフードや添加物と砂糖過多のお菓子よりも健康的です。味覚の形成においても優れていると思います。

とくに、レンジなどで加熱したホットリンゴやホットバナナを、少し冷ましてから食べると甘みが増すのでおやつに最適です。ぜひ一度試してみてください。

ずるい子育て
27

やらせたくないことは、とりあえず布をかける

こんな効果が!

物の存在感が消える
意外と忘れられる

あるご家庭で伺った話です。そのうちの子は大のアニメ好き。放っておくと宿題もしないでずっと観ています。しかも最近のテレビは大型化し、大きな黒い画面は、スイッチを入れるようプレッシャーを与えてきます。

その家では、「そろそろ勉強の時間だよ」と言って大きな風呂敷をかけ、物理的にテレビが視界に入らなくするそうです。

実際、布をかけてしまうと、まるでそこが壁になったかのように、不思議とテレビの存在感が消えます。見えなくしてしまえば、テレビのことなど忘れてしまいます。

なお、このご家庭では、宿題が終わったら「おめでとう！」と言って仰々しく風呂敷を取ってあげるそうです。

ずるい子育て 28

ゲーム一切禁止より、1日3時間までOKが長い目で見るといい

こんな効果が!

不満をためずにすむ

東京大学大学院の藤本徹准教授は、「子どもの頃に1日3時間以上ゲームをやっていたから、大人になってゲーム依存になったというような調査、研究結果は今のところない」と言っています。また、「心配であれば1日3時間を目安にするといい」とも。

ある家庭では「宿題などやるべきことをやったら、ゲームを2時間やっていい。ゲームのことで親と毎日5分間〝楽しく〟おしゃべりする」というルールを作ったら、子どもも素直になり、やりすぎを叱ることも減ったそうです。

ゲームを一切禁止することを目指すより、家族で話し合いながら、ルールを作っていくといいでしょう。

ずるい子育て
29

ゲーム中毒対策に、親も一緒にゲームをする

こんな効果が!

孤独やさびしさを感じない

親の説得に応じやすい

ゲーム依存症を心配して叱るのは逆効果です。

薬物やアルコールへの依存もそうですが、孤独な状態で依存症へのリスクが高まるからです。親がゲームのことで叱り続けて子どもに孤独感を持たせると、ゲーム依存症へのリスクが高まります。

ゲームで対立するのではなく、親が歩み寄ってゲームを通して親子のコミュニケーションを深めましょう。

ゲームの話を聞いてほめる、親もゲームを一緒にやってみる、やり方を教えてもらうなどです。そんななかで「おもしろいけどやりすぎが心配」「課金のことも気になる」と伝えたり、ルールについて話し合ったりしましょう。

ずるい子育て
30

ゲームで夜更かしして朝起きられない子の朝ゲーム

こんな効果が！

早寝早起きできる
自立心が身につく

ゲームが原因で起きられない子なら、「ゲームは朝、学校に行く前にやる」と決めるのも一案です。

例えば、朝8時に出かけるとします。その前に1時間ゲームをしたいなら、遅くとも6時半には起きる必要があるでしょう。もっとやりたければ、「早く寝て、朝5時に起きてゲームをする」などと自分で決めるかもしれません。

このように、「ゲームは朝出かける前にする」とだけ決めて、時間や内容は子どもにまかせると、子どもが納得してうまくいきやすいです。

うまくいけば、夜にゲームで目が冴えて眠れないのを防げますし、なんとか工夫しようとするため、自立心も身につきます。

ずるい
子育て
31

「早く寝なさい」と言わなくてよくなるお風呂の入り方

こんな効果が！

早く寝るから
早く起きられる
子どもの体調が
よくなる

夜更かしして、朝起きられない子がいます。早寝をさせるには、お風呂の時間を決めるのが手っ取り早い方法です。

睡眠に関する研究では、入浴で上昇した体温が下がってくるときに眠気を催すといわれます。かといって入浴後どれくらいで眠くなるかは、各家庭の入浴方法や子どもの個人差などによって違うので、一概に30分とか1時間とはいえません。

そこで少し日数はかかりますが、まずは子どもが入浴後何分で入眠したのか、しばらくメモしてください。そして入眠までの時間がだいたいわかったら、寝てほしい時間から逆算して、お風呂の時間を設定してください。いちど設定してしまえば子どもも習慣化しやすいですよ。

ずるい
子育て
32

朝起きない子は、カーテンを開けたまま寝る

こんな効果が!

少しずつ日光を感じる
ゆっくり確実に
目覚める

朝、親が起きたらすぐにカーテンを開けて、寝ている子どもが朝日を浴びられるようにしましょう。これで眠気の元であるメラトニンの分泌が止まり、すっきり起きられるようになります。防犯上の問題がないなら、夜寝るときから開けておくほうがラクかもしれません。

まだ明かりのなかった太古、人は日の出とともに目覚め、日の入りとともに眠っていました。当時、夜更かししたり、不眠に悩んだり、朝起きられない人はあまりいなかったのではないでしょうか。

朝起きられないのは、生活環境が体に備わる生態リズムと合っていないから。太陽の動きに合わせて生活するのが、本当は自然でラクなのだと思います。

ずるい子育て
33

「もう寝なさい」は、スマートスピーカーに言ってもらう

↓ こんな効果が!

機械はイライラしない
子どもも楽しい

アレクサやグーグルホームなどのスマートスピーカーは、子どもがいる家庭でこそ活躍します。パソコンやスマホのように文字やキーボードを使わなくても、子どもが自分で操作できるからです。

夜、子どもを早く寝させたければ、「アレクサ、夜9時に寝るから声をかけて」と頼んでおけば、アラームが設定され、音声が流れます。電灯のスイッチと連携させて、希望の時間に灯りが消えるようにしてもよいでしょう。

勉強をはじめる時間、ゲームをやめる時間なども、「ねえグーグル、○時になったら教えて」と子ども自身に言わせれば、自分が決めたことなので、親に注意されて渋々やるよりも実行しやすくなります。

親カアドバイス2

コンビニ総菜や出前、宅配サービスでいいんじゃない？

子どもに、「体にいいものを食べさせたい」と思うのは当然の親心です。

しかし、疲れがたまっているときなど、「今日は作りたくない」というときは誰しもあるでしょう。それでも食事を手作りしないと、ダメな親なのでしょうか？

いまの世の中、安全でおいしさも格段にアップした便利な食事を手軽に買うことができます。栄養の偏りを心配されるかもしれませんが、1年365日、バランスの整った食事でないと子どもの成長や健康に悪いということはありません。

たいへんなときには便利なものを積極的に使って乗り切ってください。うまく子育てをしていくには、余裕をもつことが必要です。疲れたら、よく休んで体力を回復することが先決です。

3章

ずるい子育てで 学校生活 がラクになる

どうか学校のことで苦しまないでください

学校は、子どもにとって家庭に次ぐ大きな意味をもつ場所です。ところが、増えつづける不登校児童の問題をはじめ、教職員の過労やメンタルの問題、いじめの問題、学級崩壊、部活動やＰＴＡの問題などなど、10年以上も前から多くの問題が指摘されるようになりました。

日本では、学力だけでなく、しつけや道徳、生活習慣、デジタル教育など、学校にありとあらゆる役割を背負わせてきました。そこへ社会の激しい変化が重なり、学校現場では対応しきれなくなってしまったのです。

いまや子どもを一律に学校に行かせることは、かなり無理があると言わざるを得ません。

そこで私がみなさんにお伝えしたいことは、**「学校に期待しすぎないでください」ということ、そして、「たとえ子どもが学校でうまくいかないことがあったとしても、そのことで苦しみすぎないで」ということです。**

例えばお子さんが学校に行けなくなったら、心配してなんとか学校に行かせたいと思うかもしれません。しかし、学校に行けないのにも理由があります。子どもの話を聞かずに無理やり行かせると、かえって子どもは苦しむことが多くなってしまいます。本来、子どもを幸せにするための学校で子どもが苦しまなくてはいけないのは、本末転倒です。

学校の価値や意義は、以前に比べて相対的に下がっています。そこで親も意識を変えて、**学校は子どもを伸ばすための選択肢のひとつにすぎないと考えてください。**「学校が最優先ではない」ということをしっかり理解しておくことによって、不登校への対応なども変わってくると思います。我が子が幸せになることを第一に考えてください。

ずるい
子育て
34

学校でよく注意される子が、そのままでいい理由

こんな効果が！

将来優秀な人材といわれる

学校でも「個を大事に」と叫ばれていますが、実際は学年やクラスで「足並みをそろえる」ことが重視されています。「足並みをそろえる」は、「個を大事に」の真逆です。

集団指導からはみだす子は、かつては暴力や厳しい指導によって強制的に従わされてきました。現代ではそんな指導は許されませんが、日本の学校は教師の数が足りず集団主義にならざるをえないのも確かです。また「周りと合わせることこそ最重要」という教師がまだ多いのも事実です。

集団が苦手な子が、学校でよく注意されるのはそのためです。でも、学校にいるのは人生のごくわずかな期間です。学校では集団が苦手だったとしても、社会に出て優秀な人材といわれる人は大勢います。

ずるい
子育て
35

学校で使うものを1カ所にまとめておく持ち物コーナー

こんな効果が！

子どもの頭の整理がつく
片づけが苦手でもできる

キラーン
どや
服類
や〜〜ん!!
キレ〜♥

子どもが登校準備に手間取る原因のひとつに、必要な持ち物が家のあちこちに散らばっていることがあります。

例えば、色鉛筆は机の引き出し、副読本は本棚、ハンカチは玄関、体育館シューズは靴箱などという状態です。でもこれだと、準備するのに時間がかかりますし、忘れ物の原因にもなります。

こうした状況を防ぐには、持ち物を1カ所に集めておく〝持ち物コーナー〟を作るのが得策。

集めておけば探すのがラクになりますし、準備しているときに「あっ、これも必要だ」と気づくこともあります。

ずるい
子育て
36

子どもの忘れ物に目くじらを立てない

こんな効果が!

大人になればほとんど改善する

日本の学校は子どもの持ち物が多すぎて、忘れ物をしやすい構造になっているのが現状です。

体育着や水着ならともかく、分度器やコンパスとか図工や習字の道具などもいちいち家庭から持ってこさせるので、忘れ物が多くなってしまうのです。

海外では学校側が用意するのが普通ですが、日本では業者との利害関係が絡んでいるせいもあり、家庭の自己負担が大きいのです。持ち運びする子どもの負担も大きいです。

半分以上は国の構造上の問題が原因ですから、子どもの忘れ物に目くじらを立てる必要はありません。大人になれば、ほとんどの場合は改善します。

ずるい子育て 37

学校から帰ったら、玄関でランドセルの中身を全部出す

こんな効果が!

物が行方不明にならない

ひと目で全体がわかる

連絡帳やプリントの出し忘れを防止する簡単な方法を紹介します。

玄関に、浅くて大きな箱を置いておきます。学校から帰ってすぐに、玄関でランドセルをひっくり返して、その箱に中の物を全部入れます。そうすれば、明日必要なものや、親に渡さなくてはいけないものがひと目でわかります。これを習慣にするのです。

箱は、大きさがランドセル2個分くらい、深さは7㎝ほどの浅いものが理想です。小さいと物がはみ出し、深いと中身が見づらいからです。段ボール箱をちょうどいいサイズに加工するといいと思います。

子どもにとって、物の管理は難しいことなので、注意したり叱ったりしても、それでできるようにはなりません。

ずるい子育て
38

宿題にも効果絶大！ランドセルぶちまけ習慣

こんな効果が！

宿題が必ず一度は目に入る
遊んでいても頭のどこかで宿題に意識が向く

玄関に浅くて大きな箱を置いておくという方法は、宿題の取りかかりが遅い子にも有効です。

「帰ってきたら、すぐにランドセルを逆さにして全部箱の中にぶちまける」ことが習慣になれば、宿題のプリントやドリルが必ず一度は目に入るので、遊んでいても頭のどこかで宿題に意識が向くからです。

さらに、やるべきプリントや筆記用具を机やテーブルに用意し、ページを開いてから遊ぶともっといいでしょう。

〝ランドセルぶちまけ習慣〟は、親もいちいちランドセルを開いてお知らせのプリントなどを確認する手間が省け、一石二鳥です。箱は、ランドセルが2つ入るくらいの大きさのものがよいでしょう。

ずるい
子育て
39

テストがいつあるか、どんな問題が出るかは、連絡帳に書いてある

↓ こんな効果が！

同じ単元が7、8回続いたらテスト

単元が7回続いてるから
この箇所テストに出るぞ
マジ!?
じゃあいつもの
音読タイム♥
水溶液
水溶液…
連絡帳
理科

子どもの予定帳や学校からのメールなどを見ていれば授業の予定がわかります。授業で同じ単元が7、8回続くと、そろそろテストが行われます。

例えば、理科で「水溶液」が7、8回続いたらテストという感じです。そのタイミングで水溶液のところを集中的に音読すれば、テストの点が上がります。

音読の仕方を楽しく工夫するのもいいでしょう。ミュージカルのように節をつけて歌うように読む家庭もあります。

またある家庭では、ラップ調で読むそうです。親子でラップバトルのように読めば普通に読むよりはるかに楽しいですし、記憶にも残るでしょう。マジメに勉強させるよりも効果的です。

ずるい子育て
40

教科書を音読するだけでテストの点数は上がる

こんな効果が!

読むだけだから簡単
確実に答えが出ている

テスト前に教科書を音読するだけで、ほとんどの子は点数が上がります。日本の学校では、教科書に書かれていないことをテストに出してはいけないと決まっているからです。

勉強をいやがる子でも、音読するだけなら意外とスムーズに取り組めるのでおすすめです。

音読というと国語を思い浮かべるかもしれませんが、理科でも社会でも算数でも、教科書を読んで学習するということは同じです。

どの教科でも音読は効果的で、とくに社会は暗記科目ですから、子どもならあっという間に覚えてしまいます。

ずるい
子育て
41

教科書を楽しく音読するコツ

こんな効果が！

楽しく音読すると
内容を覚えやすい

小学校のテストは、必ず教科書をもとにして作られます。

塾に行ったり問題集を解いたりしなくても、教科書を読み、内容を覚えてしまえば、それだけで万全なテスト対策になるのです。テストに出る範囲をくり返し読み、内容を覚えてしまいましょう。

同じ文章を何度も読むことが難しければ、読み方を工夫したり、親子で一緒に読んだりすることで、楽しみながら取り組むことができます。歌のように節をつけて読むとか、人気アニメのモノマネをしながら読むなど、遊び感覚で実践するのがいいでしょう。机にしばりつけて苦労させるのではなく、子どもが楽しくラクに覚える方法です。

ずるい子育て
42

学校での評価が正しいとは限らない

こんな効果が!

その漢字とわかればいい

文化庁が2016年に出した指針には、「字の細部に違いがあっても、その漢字の骨組みが同じであれば、誤っているとはみなされない」と明記されています。

それなのにいまだに細かい指導が行われるのは、先生の頭が切り替わっていないからです。

漢字が嫌いになる理由のひとつに、学校での「トメ、ハネ、ハライ」の細かい指導があります。字は合っているのに、「ハネるところがトメてあるから×」などとされると、子どもはイヤになってしまいます。

もしお子さんが理不尽な×をもらってきたら、「ママが花丸をあげる！」と100点をあげてください。

ずるい子育て
43

登校をしぶるときは、責めないで話を聞いてあげる

こんな効果が!

心が安定する

話してくれてありがとう
大丈夫だよ
今日は休もっか
うん…ありがと…

子どもが登校をしぶったとき、無理に登校させると学校で苦しむ可能性があります。親が話を共感的に聞けば、子どもはたくさん話せて少しは気持ちが軽くなります。親にも事情がわかり、対応方法が見えてくることもあります。

今や不登校も立派な選択肢です。ホームスクーリングやフリースクールなど居心地のよい所で充実した時間を過ごせるようにしてあげれば、集団主義の学校より子どもが伸びる可能性があります。

不登校は子どもの問題ではなく、個を大事にできない学校の問題ですから、絶対に子どもを責めないでください。親が腹をくくれば、わりと早い段階で「不登校でも大丈夫」となります。

ずるい
子育て
44

相性の悪い先生から子どもを守る大人の交渉術

こんな効果が!

モンスターペアレントと思われずに要件が伝わる

給食の完食を強要する、宿題が多すぎるなど、先生の指導に問題がある場合、親が行動する必要があります。

その際に大事なのが、大人の交渉術。「先生の授業は、わかりやすいと言っています」など、はじめに先生をほめることで雰囲気をよくします。

次に、クレームではなくお悩み相談というニュアンスで、「うちの子は食が細くて給食が……」「宿題に時間がかかって……」というように本題につなげます。

また、担任があまりに問題の多い先生の場合は、来年度は別の担任にしてもらえるよう、早めに校長に働きかけることが大切です。

ずるい子育て45

学校への相談は、両親そろってスーツを着て行く

こんな効果が!

いかに真剣であるかを理解される

　例えば、子どもがいじめられているのに学校がしっかり対応してくれないとか、先生が子どもに暴言を吐くなどの場合、親は担任や校長に会って対応を依頼する必要があります。

　そんなときは親の真剣度合いを示すことが大切で、可能な限り両親そろって行くと効果的です。

　また、スーツを着て行くなど服装や態度にも気をつけるとよいでしょう。

　イメージ的なことですが、「これは重大な問題だ。いい加減な対応はできない」と、学校側に理解してもらうことができます。

親力アドバイス 3

子育て情報の検索は、とりあえずInstagram

子育ての情報を得るのに効果的なのがInstagramです。そこには専門家だけでなく子育て中の人たちの最新情報もあふれています。「#小学生男子」などのハッシュタグをつけてフォローすれば、興味のある情報を簡単に集めることができます。子どもに響いた言葉、人気の遊びや玩具、役に立った教材や絵本、便利なグッズなどが、画像や動画で簡潔に紹介されています。また、子育てのリアルを描いたマンガ、クスッと笑える動画なども。

ただし、それらの情報は玉石混淆《ぎょくせきこんこう》で、真偽不明なものもたくさんあります。ですから、すべてを鵜呑みにするのは危険です。とくに医療や健康に関する情報は、再度検索しなおすなどして、信頼できる情報にアクセスする必要があります。

4章

ずるい子育てで
勉強
が好きになる

「勉強、楽しい！」と思わせたら、子どもは勝手に学びはじめます

みなさんは、勉強に対してどんなイメージをもっていますか？

キラキラと、明るく楽しいポジティブなイメージでしょうか。それとも、つまらない、面倒くさい、難しい、義務、つらい……といったネガティブなイメージでしょうか。ネガティブなら、その原因は学校の勉強が、宿題やテストなど「やらなくてはいけないこと」ばかりだったせいではないかと思います。

何かを学ぶのは、本来、人間にとってとても楽しいことです。子ども時代は誰でもたくさん遊びをしてきたと思いますが、遊びは、実は学びそのもの。遊ぶことで、子どもたちはたくさんのことを学びます。

大人も同じです。趣味でスポーツや楽器演奏、創作などをするとき、脳は新しい刺

激を受け、物事を上達させていくことに快感を味わっています。それは学びです。**どんなに年齢を重ねても、私たちは本来、学ぶことによろこびを感じます。そうやって、生涯にわたってさまざまな能力を身につけていきます。**

ところがたいへん残念なことに、学校という学びの場において、学びを嫌いにさせることが当たり前のように行われています。これは本当にもったいないことです。

ですから、親のみなさんにぜひやってほしいのは、**お子さんに「勉強は楽しいんだよ！」というイメージをとことん植えつけることです。**

子どもが勉強を嫌いになる理由は、その子の〝いま〟に合っていないからです。「わかる！」「できる！」と感じられることなら子どもは楽しくできます。一方、簡単すぎてもつまらない。いちばんいいのは「ちょっとだけ手応えがある」学習です。学年の勉強なんて関係ありません。いま6年生で九九がいまひとつ危ういということであれば2年生の問題をやらせましょう。2年生の問題が簡単すぎてやる気がしないと感じられる子なら、もっと先をやらせればいいのです。

学校は一斉授業ですが、家庭ならそれができます。**「勉強、めっちゃ楽しい！」と感じさせられたら、子どもは勝手にもっと学ぶようになります。**

ずるい子育て46

宿題をせずに遊んでしまう子には、とりあえず1問方式

こんな効果が!

見通しがつく
取りかかりのハードルが下がる

宿題を後回しにして遊んでしまい、後で苦労する子はたくさんいます。そういう子には、遊ぶ前に「とりあえず1問やる」作戦を教えましょう。

「計算1問」や「漢字書き取り1字」ならすぐに取りかかりやすくなります。1問やると軽くスイッチが入って、ついでに2問、3問……、半分とできる場合もあります。

たとえそうならなくても、1問やるときに「だいたいこれくらいだ」と全体量の見通しがつきます。見通しがついていると、後で本格的にやるときのハードルがグンと下がります。大人でも、仕事の見通しがつかないときはやる気が出ないものです。事前に見通しを立てておくというのは本当に大切なことなのです。

ずるい子育て 47

やる気のない子には、とりあえず漢字の1画目だけ書かせる

こんな効果が！

「やる気」はやりはじめると出る

「計算1問」や「漢字書き取り1字」でもいやがる子には、極限までハードルを下げる必要があります。

勉強や宿題をはじめる前に、「サンズイの点のひとつだけ書こう」ともちかけましょう。子どもはそれくらいならすぐできると思ってやります。やりはじめたらスイッチが入り、勢いで2文字、3文字と書けるかもしれません。

脳科学者の池谷裕二先生によると、「やる気」はやりはじめると出るそうです。静止している物体に力をかけて動かすとそのまま動き続けるという「慣性の法則」に似ていますね。

それならば、やる気があろうがなかろうが、まずは取りかかることが大事です。

ずるい
子育て
48

家庭学習のコツ！
1枚ずつ切って渡す
フルコーススタイル

こんな効果が！

いつの間にか
終わっている

算数の1問目になります
ありがとう
サッ

子どもがなかなか勉強に取りかかれない原因のひとつに、課題の「量が多い」と感じてしまうことが挙げられます。そういうときは、課題を分割して小出しにすると効果的です。

例えば、問題集の1ページだけを切って渡すとか、プリントなら1問だけ切りとって渡すのです。切れないものならコピーしてから切り分けます。

すると、目の前にあるのはたったの1ページあるいは1問ですから、量の多さに圧倒されることはなくなり、それに集中できます。フルコースの料理と同じで、目の前にある1問1問に集中しているうちに全部が終わるということです。家庭学習の際に試してみてください。

ずるい
子育て
49

取りかかりが遅い子には、大きめの付箋を用意しよう！

こんな効果が！

〝やる気スイッチ〟がONになる

子どもが勉強に取りかかるのが遅い、という悩みも多いです。やりはじめれば数十分で終わるのに、2時間たっても取りかかれず時間ばかり過ぎてしまう……。そんなときはウォーミングアップ法がおすすめです。紙に「3＋5」などの簡単な問題を5問くらい書いて、宿題をやる前にやらせましょう。あっという間にできて100点が取れます。

この小さな成功によって、脳の線条体にある〝やる気スイッチ〟がONになり、宿題にもスムーズに取りかかれるようになります。簡単な問題を書いた付箋を宿題のページに貼っておけば、ウォーミングアップを終えてすぐ本番の勉強に取りかかることができます。

ずるい子育て 50

科学者になりたい子に白衣を用意するコスプレ勉強法

こんな効果が!

やる気が出る
勉強が必要だと実感する

子どもにとっては、いま取り組んでいる勉強が自分の将来につながっているとはイメージしにくいもの。そんな子どもが自分から勉強に取り組んでくれるようにする方法が、「コスプレ勉強法」です。
子どもが将来なりたいものや憧れている職業のコスチュームを用意し、それを着て勉強してもらう方法で、科学者になりたい子には白衣を、パイロットになりたい子には制服をというように、憧れの職業の衣装を身にまとうことで、将来への希望を胸に抱きながら勉強に取り組んでもらうのです。なりたいものがすぐに変わっても問題ありません。子どもの「なりたい」や「好き」を応援してあげるのが、子育てにとって重要な考え方なのです。

ずるい子育て
51

勉強する気が爆上がりするなりきり勉強法

こんな効果が!

子どもでもピンと来る思いのほか気合いが入る

なぜか気合いが入る!!
がんばるぞー!!
宇宙飛行士の卵
ゴオー

「コスプレ勉強法」のハードルが高い場合におすすめしたいのが「なりきり勉強法」です。

100円ショップなどでパーティーグッズとして売っているタスキを買って、「宇宙飛行士の卵」などと書き込み、選挙の立候補者みたいにそれをかけて勉強する方法です。

勉強には「社会生活を円滑に営むため」「将来、自己実現するため」など、さまざまな意味があります。でも、子どもには驚くほどピンと来ません。ところがたったこれだけのことで、意外と勉強に気合いが入ります。子どもは、身につけるものが気持ちに与える影響が大きいため、これで勉強する気になってくれたら安いものです。

ずるい
子育て
52

子どもは本来、勉強が好きな生き物

こんな効果が！

子どもは勉強が嫌い
という大人の
思い込みは捨てる

子どもが勉強嫌いで困るという親御さんは多いです。しかし、子どもは本来勉強が好きなのです。入学したての1年生は、学校案内や生活指導ばかり続くと、「早く算数や国語がやりたい！」とせがみます。

勉強が嫌いになるのは、本人のレベルを無視した一斉授業で、わからないことが増えてくるからです。

だから、家で本人に合わせた問題を出してあげましょう。できたら、以前の勉強でつまずいているところを見つけて、復習できるようにしてあげるといいですね。

問題を無料でダウンロードできるサイトもありますから、そういうものも活用しつつ、「勉強って楽しい。大好き」と思えるようにしてあげるのが得策です。

ずるい子育て
53

勉強嫌いな子が変わる簡単すぎる勉強法

こんな効果が!

サクサク解けて正解できる
復習にもなる

すでに勉強嫌いになってしまった子は、現在の学年にこだわらず、2、3学年前の問題集をやらせるといいでしょう。サクサク解けて正解できるとうれしくなり、勉強に対する抵抗感がなくなります。〝穴〟になっていた学習内容も復習でき、いま現在の勉強の理解にもつながります。

「うちの子は勉強が嫌いで〜」と嘆く方がいますが、子どもが勉強を嫌いになる理由はただひとつ。それは、その子の能力と意欲に合わない内容だからです。その子に合っていれば「わかる」ので、勉強が楽しくなります。本来、子どもはみんな勉強が好きです。頭を使ったり、能力を高めたりすることは、人に備わった本能であり、とても楽しいことだからです。

ずるい
子育て
54

苦手分野の克服は、得意分野の一点突破から

こんな効果が！

「勉強＝楽しい」と感じて苦手分野に挑戦できる

図鑑《ずかん》といっしょだー♡
すごーい
むしのずかん

勉強が嫌い、成績が上がらないなどの場合には、「一点突破からの全面展開」がおすすめです。

つまり、苦手な科目には目をつぶり、本人が好きな、あるいは比較的マシな科目に的をしぼって応援するのです。

それもないなら勉強以外のものでもOK。理科が好きなら図鑑を買ったり本物を体験させたりなど、机での勉強にしばられない発想も必要です。

伸ばせるところを先にどんどん伸ばすのが教育のコツ。それで自信がつき張り合いが出てくると、ほかのことにもよい影響が出ます。苦手な分野から底上げしようとすると、子どもにとっては苦痛でしかなくやる気が出ないので非効率です。

ずるい子育て 55

親も一緒に勉強っぽいことをする

こんな効果が！

すんなりと勉強に取りかかる

子どもにすんなりと勉強に取りかかってほしいなら、親も一緒に勉強らしいことをするのがいいです。

難しい漢字を覚えたり、本の写経をしたり、資格の勉強などをしてもいいかもしれません。

頭ごなしに「勉強、勉強」と言い聞かせるのではなく、勉強するのが自然という空気感を作るのが、いいと思います。

子どもがなかなか勉強しない原因のひとつに、家の中の雰囲気があります。いくら子どもに勉強しなさいと言い聞かせても、近くで親がテレビやＹｏｕＴｕｂｅを観ながら大笑いしていては、子どもが進んで勉強するのは難しいでしょう。

ずるい
子育て
56

家のあちこちに学習ポスターを貼る

こんな効果が!

見ているだけで覚える

家のあちこちに学習ポスターを貼っておくだけで、子どもの学力は確実に上がります。市販の学習ポスターは、子どもが学校で学ぶほとんどの内容をカバーしています。

【算数】九九、足し算、引き算、図形、分数、小数、割合、公式など

【国語】漢字、ローマ字、ことわざ、慣用句、故事成語、俳句、短歌など

【理科】植物、昆虫、動物、天気、星座、人体、環境、食物連鎖、元素周期表など

【社会】地理、歴史、政治、経済など

子どもは勉強する意識すらなく、なんとなく見ているだけで覚えます。いつも同じだと「ただの景色」になってしまうので、ときどき取り替えるのがコツです。

ずるい子育て
57

スマホを渡して計算してもらう

こんな効果が！

文章問題がイメージしやすくなる

子どもはスマホが大好きです。

一緒に買い物に行ったら、「あなたが計算担当ね」と言ってスマホを持たせ、いろいろな計算をしてもらいましょう。

例えば、「10個で120円の紅茶クッキーと15個で200円のレモンクッキーではどっちが安い？」などと聞いて計算させるのです。「120÷10＝12」と「200÷15＝13・3」で1個当たりの値段が出て、紅茶クッキーのほうが安いことがわかります。

これは5年生の「1当たりの大きさ」の勉強で、子どもにとって難しい勉強のひとつです。実際の買い物で実物を前にしながら考える経験をしておくと、文章問題の場面がイメージしやすくなります。

ずるい子育て
58

「だいたい、いくら？」と聞く

こんな効果が！

概数の計算が得意になる
暗算の能力がアップ

4年生の算数で「概数」の勉強をしますが、難しくて苦労する子が多いです。

これについても、実際に親子で買い物をするときに慣れておくと大きな効果があります。

例えば、「ねぎが1束275円なので約300円。芋切り干しは418円なので約400円。いまのところ合計が約700円」というように四捨五入しながら概数で計算していくのです。

この習慣を身につけると概数の計算が得意になるだけでなく、ワーキングメモリーが鍛えられて暗算の能力が上がります。

それによって、複雑な計算もスムーズにできるようになり、算数全般によい影響があります。

ずるい
子育て
59

何がどのくらいお得か子どもに考えてもらう

こんな効果が!

授業でつまずかない

小学生の算数は、4年生、5年生くらいで急に難しくなり、つまずく子が出てきます。5年生の「割合」も苦手意識をもつ子が多い単元です。勉強として学ぶ前に触れさせておくと、学校で習うときにもスムーズに理解できます。

学校で勉強する前から割合に親しませるには、やはり買い物が一番です。「5割引」「70%オフ!」という表示を見るとなぜかワクワクしてしまいますよね。子どもでも同じです。買い物に行ったら次のような会話をしてみましょう。

例:「1500円のケーキが3割引だって!」「1500円の1割っていくらだろう?」「じゃあ3割は?」「1500ー450で1050円。お得だね」

ずるい子育て

60

生活のなかで算数の図形が得意になる方法

こんな効果が！

図形の問題が得意になる

生活や遊びのなかで図形に触れる機会を増やすと、算数の図形の勉強が得意になります。

例えば、折り紙、積み木、図形パズル、粘土遊び、ブロック遊びなどです。

にんじんや大根などの野菜を切る経験も立体図形の認識力を高めます。

また、方眼紙やドット方眼紙に、三角定規やコンパスを使って三角形、四角形、平行四辺形、台形、五角形、六角形、八角形、円などを描く「図形お絵描き」もおすすめです。

さらには、図形を組み合わせてロボットや未来の街などの絵を描いたり、色を塗ったりするのも楽しいです。

ずるい子育て
61

玄関に温度計、湿度計、気圧計を置く

こんな効果が！

科学的な思考力や気象学への興味が育つ

28度で
87パーセントか
そりゃ蒸し
暑いはずだ
すごい…
28.0℃
87%

玄関は、家の中と外との環境の違いをもっとも体感する場所です。ここに温度計、湿度計、気圧計を置いておけば、「寒い」とか「蒸し暑い」などと思ったとき、すぐに「28度で87％もあるから蒸し暑いはずだ」と数字でとらえる習慣ができます。

自然現象を数字でとらえるのは理科・科学の基本的マインドであり、習慣化することで科学的な思考力を育てられます。

また、気圧計を見る習慣をつければ、低気圧になると天気が悪くなることや心身の調子も影響を受けることがわかってきます。天気予報の高気圧、低気圧、降水確率などの情報にも敏感になり、気象学への興味も育ちます。自分の心身の調子を理解する力も育ちます。

ずるい子育て
62

大人も感動するライトスコープで、理科が身近になる

こんな効果が!

探求心と創造につながる

すげー!!
髪の毛が鋼《こう》鉄《てつ》パイプみたい!!
すごーい
見せて見せてー
髪の毛のアップ図

数千円で子どもが理科好きになるコスパ抜群のグッズが簡易顕微鏡です。ライトスコープ、ポケット顕微鏡、携帯顕微鏡とも言われます。対象物を明るく照らしながら拡大して見ることができ、子どもでも簡単に扱えます。

　私が愛用しているのは30倍のライトスコープ。こんな簡単なものでも髪の毛が鋼鉄のパイプのように見えたり、カラー印刷物が赤、青、黄の三原色でできていることがわかります。

　砂糖、塩、石、花びら、昆虫など、何を見ても美しく、ふだん見ている世界をミクロな視点で見るとこんなになっているんだ！と感動します。こうした感動が理科的な探究心と芸術的な創造につながります。

ずるい子育て 63

リビングに日本地図と世界地図を置く

こんな効果が！

地理の知識が身につく

社会科には、歴史、政治、経済、産業、国際、環境などの分野がありますが、どの分野でも地理に関する知識が必要です。

ですから、リビングに地図、地図帳、地球儀などをおいて、会話やテレビで出てきた地名の探しっこをしてみましょう。

テレビの番組で「岐阜県白川郷の合掌造りが……」と出てきたら白川郷を探し、スーパーで掛川茶を買ったら掛川とはどこか探します。

調べたらボールペンなどでマーキングや書き込みをして、付箋を貼っておきます。しばらく続けていると、それがたまってきてさらに楽しくなってきます。そして、マーキングを見るたびに復習ができて地理の知識が身についていきます。

ずるい子育て
64

いつのまにか勉強しているテーマ型図鑑

こんな効果が！

興味が広がる

学力アップには図鑑がおすすめです。図鑑には「博物型図鑑」と「テーマ型図鑑」の2種類があります。なかでもテーマ型図鑑は勉強している意識なく勉強できるので大変おすすめです。

博物型図鑑とは、「昆虫図鑑」のように多種多様な昆虫が紹介されているものです。対してテーマ型図鑑は、比べるというテーマで動物や建物の大きさを比べたり、泳ぐ速さを比べたりする「くらべる図鑑」が人気です。ほかにも「分解する図鑑」「一生の図鑑」などがあります。

これらはビジュアル重視で美しく迫力のある写真が満載、文章も通り一遍の説明ではなく、子どもが楽しく読める読み物風になっています。

ずるい子育て 65

YouTubeは、禁止するより有効活用する

こんな効果が！

学力アップも可能

子どもたちがYouTubeでよく見るのはエンタメ動画ですが、実は学力アップにつながる動画もたくさんあります。写真と文章だけの教科書より、動画のほうがわかりやすいこともあります。

例えば、YouTube内で「植物の成長」と検索すると、発芽の条件について解説する動画や植物の一生を2〜3分で見られる動画などが見つかります。

「小学生　歴史」と検索すると、アニメや実写を駆使する先生の解説など、おもしろくてわかりやすいものが見つかります。

効果音を使ったり、クイズを出したり、コントを入れたりなど、子どもに飽きさせない工夫もあります。こうした動画を紹介してラクに学力アップさせてあげましょう。

ずるい子育て
66

マンガで学べないジャンルはない

こんな効果が！

無意識に学力がアップする

学力に直接効果があるのは学習マンガです。私の教え子には歴史博士、昆虫博士、植物博士、宇宙博士などがいましたが、みんなその分野のマンガを読んでいました。

いまは学習マンガに限らず、学力アップに効果のあるマンガが多くあります。歴史、科学、医療、政治、恋愛、高齢化、仕事、未来、哲学などなど、もはやマンガで描かれないことはないといってもいいでしょう。子どもにねだられたらぜひ買ってあげてください。

少し難しそうなマンガでも、親自身が読んでいれば、子どもも勝手に読むことが多いです。「勉強しなさい」と言わなくてもどんどん勉強してくれるので、これほどありがたい存在はありません。

ずるい
子育て
67

「受験勉強」という競技には、向き不向きがある

こんな効果が！

得意なことに集中できる

あきらめが肝心だったりすることもあります
コレ得意ー!!
合格
苦手…
ガガガガガガ

受験勉強は、オリンピックでアスリートが競い合うのと同様、一種の競技に近いものがあります。

勉強とスポーツ。両者はまったく別のことに思えますが、「脳や身体の機能を使って能力を高める」という点では同じです。

スポーツにおけるアスリートと同じように、勉強にもはじめから能力が高い子もいますし、あまり向いていない子もいます。

ですから、「努力すれば必ずできるようになる」「成績が悪いのは努力が足りないから」「もっとできるはず」と考えて、無理やりやらせるのは危険が伴います。

誰もが100mを10秒で走れるわけではないのと同じように、誰もがいつも100点をとれるわけではないのです。

親力アドバイス4

少子化時代の受験事情

少子化が問題となって何十年も経ちますが、歯止めはかからず、この先もおそらく子どもが増えることはないでしょう。一方で学習塾は乱立し、地方都市の駅前でも必ずといっていいほど複数見かけます。ひとりかふたりの子どもの教育に多額の“課金”をするのが一般的になっていると思われます。

課金の最終ゴールは大学入学ですが、大学も少子化の影響を受け、入試は様変わりしています。いまや定員割れを恐れる大学は、定員の半分以上を推薦によって確保し、残りを一般入試で選別します。

この傾向は、今後も続くと思われます。中学・高校を選ぶ時点で、塾に通い受験勉強をさせるのか、それとも好きなことに打ち込めるように、行きたい大学への推薦枠がある学校に進ませるのか、といった選択が迫られるでしょう。

5章

ずるい子育てで地頭がよくなる

やっぱり遊びが最強です

「うちの子は遊んでばっかりで」「好きなことしかしない」。

そんな嘆きの声を親御さんからよく聞きます。それに対して私は、「そんな素晴らしいことはないですよ！」と申し上げたいです。

なぜなら、**子どもが好きなことに夢中になっているときには、脳の血流が上がり、神経伝達物質がいっぱい放出され、シナプスがつながっていき……と、脳の性能がグングンアップするからです。**

コンピューターをイメージしてください。CPUが上がると処理能力が増え、多くのことを素早くできるようになりますよね。そのCPUを上げるためにブーストをかけている状態だと思ってください。

脳の性能というと遺伝で決まるように思えますが、行動遺伝学では、遺伝と環境の影響は半々といわれています。ですから、親がするべきは子どもの脳のスペックが上がる環境を用意するということです。とはいっても、特別なことをする必要はありません。**好きなことを楽しくしていれば、脳の性能は勝手に上がっていくからです。反対に、暴力や虐待を受けると、記憶を司る脳の「海馬」という部分が萎縮することが研究でわかっています。**環境によって脳の性能は上がったり落ちたりするわけです。

「さすがに遊んでばかりでは、成績は上がらないでしょう？」と思う方もいらっしゃるでしょう。しかし、4章でもお伝えしたように、人間というのは、何か好きなことをやっているとそれを深めたくなる生き物です。そしてどんどん深めていくと、**算数的なものや読み書き、社会や理科の知識などを勉強する必要性が必ずどこかの時点で出てきます。そうしたら、言われなくても学びます。**

もうひとつお伝えしたいのは、**苦手を克服させることやしつけに主眼を置いていると、子どものエネルギーがそちらに取られてしまって、伸びる方向に向かう余裕がなくなってしまうということ。**ですから子どもの地頭をよくしようと思ったら、楽しいと感じながら夢中になる時間を増やしてあげる。これにつきます。

ずるい子育て
68

社会で成功するために必要な力を身につける

こんな効果が！

やりたいことを見つける力、試行錯誤する力、やり抜く力、コミュニケーション力が身につく

「遊んでばかりいないで勉強しないと、将来ろくでもない大人になるよ！」。昭和の時代にはよくこんなことが言われましたが、令和のいまは事情が変わってきました。

発達心理学者・内田伸子先生の研究では、難関大学に合格した子の親たちは、幼児期に子ども自身がやりたがる「遊び」を重視していたことがわかりました。

そして、これは小学生の段階でもかなり当てはまることだと推察できます。

遊びのなかで、自分のやりたいことを見つける力、それに向かって試行錯誤する力、やり抜く力、コミュニケーション力などの力が育ち、それが学力の後伸びや社会での成功につながるのです。

ずるい
子育て
69

「びっくりした！」で子どもが伸びる

こんな効果が！

ほめるのが苦手な人でも、自然にできる
子どもがもっとがんばるようになる

叱るより、ほめたほうが親も楽しいですし、子どもにも自己肯定感やレジリエンス（回復力）が育まれ、お得です。

ただし、ほめ方がワンパターンになったりわざとらしかったりすると、子どもに響きませんし、子どもは、親がやらせたいことに誘導していると見透かしてしまうものです。

そこで意外と効くのが、親が驚いてみせることです。「え、これもできたの？」「すごいね、お父さんにも教えて」「なるほど、それはママには思いつかないわ」と、遊び方でも宿題でも、子どもが自主的にやったことにびっくりしてみせるのです。すると、子どもは「これはすごいことなんだ」と感じ、もっとがんばるようになります。

ずるい
子育て
70

子どもと一緒にノートを買いに行く

こんな効果が！

言語化能力が身につく
やる気が出る

ぜひお子さんとノートを買いに行き、好きなノートを買ってあげてください。お気に入りのノートに自分が好きなことを書くことで子どもの能力が大いに伸びます。

私が教師をしていたとき、自主勉強でサッカーのことばかりノートに書いている子がいました。練習内容、監督の教え、試合の反省、自分の目標などです。料理好きな子は、自分が作ったレシピをイラスト入りで書いていました。

どんな分野においても、書くことで思考が深まり、課題が見つかり、調べたり工夫したりすることができます。一流のアスリートやトップ経営者らのなかにも、ノートを活用して実力を伸ばした逸話は多くあります。

ずるい子育て 71

本を読むと、総合的に頭がよくなる

こんな効果が!

理解力が高まる
思考力が上がる
人としての厚みが増す

読書によって言葉の力（国語力）がつくことで、どの科目の勉強もよく理解できるようになります。また、勉強に直結する効果だけでなく、総合的に頭をよくする効果もあります。なぜなら、人は何かを理解したり思考したりするときには、必ず言葉を使うからです。

多くの言葉を知っていることは、多くの概念を知っていることであり、それが理解力や思考力につながるのです。また、さまざまな知識が身につき、他人の経験や思考方法を自分のものとして活用できるようにもなります。本を読むことで人としての厚みが増すのです。

総合的に見て、子どもを本好きにすることは、もっともコスパが高い教育といえます。

ずるい
子育て
72

家族でおしゃべりは、時間の無駄じゃない

こんな効果が!

言語能力が高まる

人間の思考やコミュニケーションは、すべて言葉が土台になっています。ですから、言語能力が高いと、人生のさまざまな場面でお得です。

言語能力を高めるのにもっとも手っ取り早い方法は、家族でおしゃべりすることです。おしゃべりによって、言葉を理解する力と言葉で表現する力が同時に育ちます。

おしゃべりで大事なのは、子どもが話しやすくしてあげることです。そのためには、相づちを打ったり、「そうなんだ！すごいね」と驚いたり、「それでどうしたの？」と促したり、「それはイヤだったね」と共感したりすることです。どんな話でも、否定したりお説教につなげたりしないようにしましょう。

ずるい子育て
73

1日5分でOK！家族一斉読書タイムで本が好きになる

こんな効果が！

思考力が高まる

子どもの本ばなれが進んでいます。私のおすすめは、毎日決まった時間に、家族みんなで読書をする「読書タイム」です。

家族で一斉に取り組む効果は抜群で、みんなが読んでいると子どもも自然に読むようになります。

また、読書タイムがたとえ10分間でも、それ以外の時間にも続きが読みたくなったりするので、実際には毎日もっと長い時間で読むようになります。

言語能力を高めるには家族とのおしゃべりが大切ですが、勉強や高度な思考で使う抽象的概念を表す言葉は日常会話では身につけることができません。

そうした言葉の力をつけるには読書をするのが一番なのです。

ずるい子育て

74

子どもが知らない言葉もどんどん使う

こんな効果が!

語彙力がアップする

親子のふだんの会話を語彙力アップボーナスチャンスにするために、次のことを心がけてみてください。

「お母さん、何をしているの？」などと聞かれたら、「お料理！」「お化粧だよ」「お仕事してるの」などと大雑把に答えるだけでなく、行為の解像度を上げてくわしく答えるのです。

例えば夕食の支度をしているときに聞かれたら、「いま、大根を短冊切りにしている」「ブロッコリーを塩ゆでしている」「あさりの砂抜きをしている」「お米をといでいる」「お肉を解凍している」など、いろいろな表現で答えてみましょう。

ちょっとした心がけで子どもの語彙力が10倍、20倍になります。

ずるい子育て

75

なぞなぞは、語彙力向上に意外な効果がある

こんな効果が!

語彙力や表現力がアップする

次のなぞなぞの答えはなんでしょう？

1「いくらこぼしても減らないものは？」。

2「果物の絵を描いているのにいつまでも完成しない。何という果物？」。

1は愚痴で、2はみかんです。1で「愚痴をこぼす」という言葉を学べ、2で「未完」という言葉を学べます。

こうしたなぞなぞ遊びで子どもの語彙力が上がります。同時に、言葉を言い換える力もつきます。

なぜなら、未完という言葉を知っていても「完成しない」を「未完」と言い換える力がないと答えられないからです。なぞなぞに親しんでいると、瞬時にたくさんの言葉を連想して言い換える力がつきます。それが表現力の向上につながります。

ずるい子育て
76

頭のよさを決める言語化能力は、書いて爆上げ

こんな効果が！

書けないがなくなる
考えが整理される

「この人は頭がいい」と感じるのは、物事や気持ちをうまく整理して言葉にする「言語化能力」が高い人です。その能力を高めるには、読書によるインプットのほかに、アウトプットの機会を増やすのも重要です。

ぜひ参考にしてほしいのが、『R80 自分の考えをパッと80字で論理的に書けるようになるメソッド』中島博司著（飛鳥新社）という文章術の本です。1文40字ほどの文章を接続詞でつなげ80字の文章を書くという、この本のメソッドを取り入れた学校で子どもの成績が大きく伸びたという成果が出ています。

SNSなどで発信することで仕事や人生が大きく変わる時代ですから、言語化能力の重要性は増しています。

ずるい子育て77

工作は、セロテープを使うと脳が活性化する

こんな効果が！

創造力、思考力が身につく

積み木、ブロック、お絵描き、塗り絵、粘土など、子どもが創作活動に夢中になっているときは、間違いなく脳が活性化しています。やればやるほど思考力、想像力、創造力などが高まっていきます。とくに工作は、さまざまな素材を自由に組み合わせて作ることで創造力が養われます。ぜひ、思いっきり工作をさせてあげてください。

そのとき、セロテープを好きなだけ使わせてあげましょう。のりだと乾くのに時間がかかり、子どもの創作スピードに追いつきません。テープならどんどん作っていけます。

なお、小さい弟や妹がいる場合、誤飲の恐れがある細かい物は親の責任でしっかり管理してください。

ずるい子育て
78

好きなことだけずっとやっている子は、放っとく

こんな効果が!

脳が活性化する
勝手に成長する

人は、好きなことをしているとき、「もっとうまくなりたい」「もっといいものを作りたい」という気持ちで熱中します。

このとき、脳の血流が上がり、ドーパミンが大量に放出されます。この状態でシナプスが大増殖して脳が急成長するのです。

そこで中断するのは、もったいないことです。なぜなら、パソコンと同じで、一度シャットダウンしたものをまた立ち上げて同じ状態にするには時間とエネルギーが必要だからです。

子どもの能力を高めたいなら、子どもが熱中しているときに止めないことです。

親がわざわざ邪魔をしないで、放っておいてあげれば脳は成長するのです。

ずるい子育て
79

飽きっぽい子には どんどん違うことを やらせる

こんな効果が！

チャンスが増える
ハマればあとは
子どもが勝手に
伸びていく

「子どもが飽きっぽくて困る」「何事も続かない」という声をよく聞きますが、まったく問題ありません。それは子どもの特権ですし、子ども時代にちょっと経験したことがその子の中で醸成されて、後年よい結果につながることもよくあります。

子どもが少しでも興味をもったことがあれば、関連する本を買う、体験させる、習い事の教室に行くなど、いろいろお試しさせてみましょう。

たくさん試してみると、好きなことが見つかる可能性が高まります。2個試した場合と20個試した場合では、見つかるチャンスが10倍違います。最初はちょっと大変ですが、ハマれば子どもが勝手に伸びていくので親はラクです。

ずるい子育て

80

長続きしなくてOK！好きなことが変わったら、次のことをやらせる

こんな効果が！

短期間でも熱中した体験は財産になる

普通、子どもの興味は鉄道、サッカー、昆虫などと、どんどん移り変わっていきます。極端にいえば、1日のなかでもあれこれ変わります。

たとえいっときでも熱中した経験は、いずれ何かと結びつき、その子の個性となって花開くときがきます。

ですから、「一度はじめたことは最後までやらなければ」と思い込まず、子どもがそのときに熱中しているものを応援してあげましょう。

ある特定の分野でけたはずれに秀でている人も、子どもの頃はほかのことに熱中していた経験があるものです。

ずるい
子育て
81

好きなことを見つけるコツはなんでもやらせること

↓ こんな効果が!

伸ばせる部分が見つかる

「うちの子はとくに好きなことがない」「何が好きかわからない」と感じている親御さんもいると思います。でも、「好きなこと」には、とくに積極的にやっていることだけでなく、「なんとなくよくやっていること」も入れていいのです。

子どもを観察していると「体を動かすのが好きだな」「よく歌っているな」など、なんとなくの傾向がありますので、その部分をより深められるようにしてあげましょう。

ただし、どんなに観察してもわからないこともあります。例えば、藤井聡太棋士に将棋の才能があることは、たまたま親戚の家で将棋を指すまではわかりようがありませんでした。ですから、お試しでいろいろやらせてあげることも大事です。

親力アドバイス5

親が習い事を はじめたっていい

「子どもに成功してほしい」という思いは、ほとんどの親がもっているもの。しかしその思いが強すぎて、過干渉になってはよくありません。

「もっと勉強させなくては」「なにか習い事をさせなくては」――。そんな風に縛ってばかりでは、子どもが自力で人生を歩んでいくことはむしろ困難になります。

どうしても過干渉になってしまうときは、親自身が習い事をはじめるのもいいでしょう。「子どもに何かさせたい」という焦りの多くは、親が自分の人生を生きられていないことが原因。自分がなにかに熱中して、子どもには自由を与えるぐらいがちょうどいいのです。「親が自分にお金を使うなんて……」と思うかもしれませんが、親だって自分にお金を使って、充実した人生を送っていいんです。

6章

ずるい子育てで非認知能力が育つ

極論「これだけやっておけばよい」という子育ての極意があります

人が社会で成功し、幸せに生きていくためには、「非認知能力」と呼ばれる、数値では測りづらい力が決め手になるといわれています。非認知能力とは、忍耐力や積極性、向上心、協調性、コミュニケーション能力、自己肯定感など、社会生活を営むうえで絶対に必要となるさまざまな力やスキルのことです。

そう聞くと、親のみなさんは子どもにぜひ身につけさせてやりたいと思うでしょう。でも考えてみると、親御さんたちご自身は、非認知能力をとくにどこかで習って身につけたという記憶はないのではないでしょうか？　それも当然で、非認知能力は人が生きていくなかで自然に身につけていくものです。つまり、多くの体験を積むことが、非認知能力の発達には不可欠といえるでしょう。

ですから、親のみなさんが

お子さんにいろいろなところに旅行やレジャーに連れて行ったり、スポーツ、習い事、部活動などさまざまな経験をさせてあげたりすることは、とてもよいことです。

しかし、そのときに注意していただきたいことがあります。それは、**その体験がお子さん自身のやりたいことなのかどうかということ。**もしも親の自己満足になっていたら効果がないどころか、子どもが思ったような反応を見せなかったとき、がっかりしたり不機嫌な態度を見せたりすることで、かえって悪影響を与えてしまいます。

そしてさらに大事なのは、**そのような体験をさせる以前に、お子さんが毎日安心・安全な家庭環境で過ごせているかどうかということです。**例えば、ご両親が激しい喧嘩ばかりしている家庭では、子どもは安心・安全を感じられません。なぜなら子どもというのは誰かに育ててもらわないと生きられないので、ご両親の仲のよさは、自分の生活や、ひいては命に直結するからです。そのような不安な状況に置かれていたら、非認知能力をのびのびと伸ばしていくことは難しいと言わざるを得ません。

心安らぐ環境があってはじめて、子どもは安心して自分の興味関心に従って行動することができます。子どもを伸ばそうとする前に、家庭が子どもにとって安心・安全な環境になっているか、振り返ってみてはいかがでしょう？

ずるい
子育て
82

好奇心が高まる、
感動の本物体験

こんな効果が!

感動を共有でき、
親子の関係が深まる
子どもの成長の
基盤になる

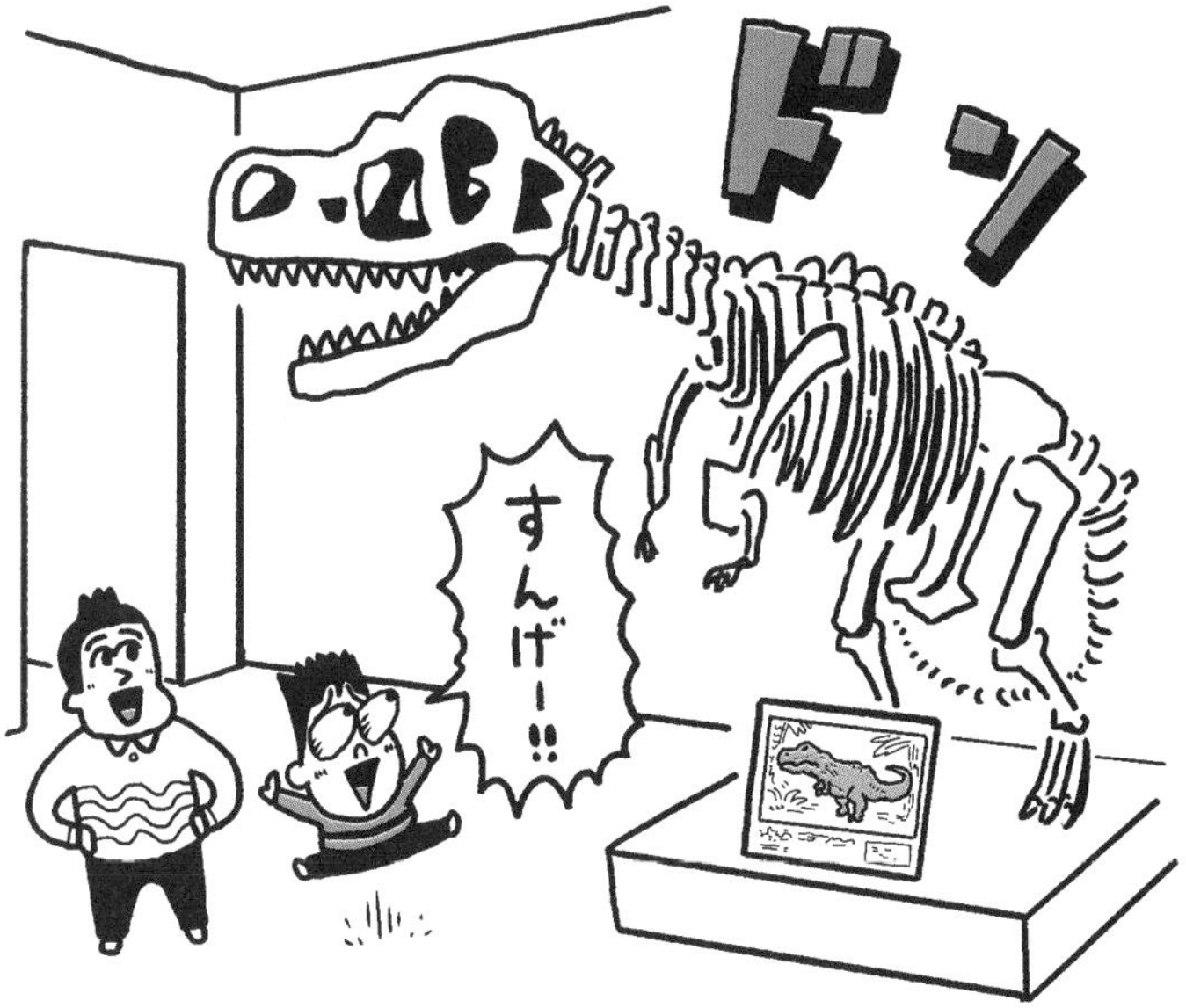

お子さんには、たくさんの「本物体験」をさせてあげてください。

そのとき、親も「すごいね!」「おもしろいね!」と感動を表現しましょう。すると、子どもは自分の驚きや感動には価値があるのだと感じ、そのことにいっそう興味をもちます。

ダムなどの巨大建造物や大昔の恐竜の骨、珍しい生き物、雄大な景色などを目の当たりにしたとき、人は、映像や本などの情報からはけっして味わうことのできない深い感動を覚えます。これが知的探究心や芸術的な創造の源になります。感動が大きければ大きいほど、そのエネルギーは大きくなるでしょう。また、感動を共有することで親子の絆も深まります。

ずるい
子育て
83

急がば回れ！積極的な子になる王道の方法

こんな効果が！

自分の人生を切り開く力がつく

コレ分かる人
はい!!
はい!!
普段から好きなことを気がすむまでやっています
13-8=
15-7=

「自分からチャレンジできる子にするには？」「積極的に発表できる子にするには？」という質問をよく受けます。でも、「積極的に発表しなさい」と叱ると逆効果になるだけです。

一見遠回りのようですが、好きなことを思う存分させることが大事です。それによって自信がついたり人に話したいことが増えたりすれば、自然に積極的になります。

そもそも積極的か慎重かは生まれながらの性格によるところが大きく、どちらがよくてどちらが悪いということでもありません。最終的に身につけたいのは、自分で自分の人生を切り開く力です。そのためにいいのは、やはり本人が好きなことを思う存分やらせてあげることです。

ずるい子育て 84

何かに没頭する子は将来生きやすくなる

こんな効果が！

子ども時代から「自分軸で生きる」術が身につく

日本人には、世間体を意識して他人軸で生きる人が多いです。子どもでも友だちの目を気にして自分らしさを出せない子や、仲間はずれになることを恐れる子はけっこういます。それが生きづらさや能力の伸び悩みにつながる可能性もあります。
これからの時代は仕事でもプライベートでも個性や主体性が大事ですから、子どものときから自分軸で生きる術を身につけることが必要です。そのために大事なのは、自分の世界をもてるようにしてあげることです。好きなことや趣味に熱中させて、自分の世界をもてるようにしてあげましょう。そうすれば真の自立心が育ち、周囲も気にならなくなります。

ずるい
子育て
85

思いやりを育てるには子どもに親切にする

こんな効果が!

思いやりが身につく

困っている人を見たときに、「何かしてあげたい」と感じるのは自然な感情です。実際に手を貸した経験のある方も多いでしょう。では、お子さんが何かに困ったり失敗したりしたときはどうでしょうか？最終的に親が代わりにやってあげることが多いと思いますが、そのとき、「なぜできないの？」「ちゃんとしなさい！」と叱っていませんか？

他人が困っているときに、「ダメじゃないか！」「しっかりしろ！」とは言いませんよね。我が子にも同じように黙って親切にしてあげましょう。子どもは表面には出さなくても、親に深く感謝しています。親切にされてうれしかった経験があれば、自分も親切にしようと思いやるものです。

6章 非認知能力

ずるい子育て 86

自信を育てるには「部分」をほめる

こんな効果が!

苦手意識がぐんと下がる

授業で描いた絵が教室や廊下に飾られるなど、子どもは描いた絵を発表される機会が多いです。小さいうちは表現力やエネルギーが前面に出ますが、3年生くらいから技術、つまり「うまい、へた」の差が現れる傾向にあります。

子どもが自分の描いた絵をへただとこぼしているようなときには、「部分」をほめるのが効果的です。

全体的にはいまひとつでも、「この馬の脚はたくましいね」「この葉っぱの色がきれいに塗れたね」など、部分に着目して肯定してあげるだけで、子どもの絵に対する苦手意識はぐんと下がります。

塗り絵など、あらかじめ形の定まった絵で練習するのもいいでしょう。

ずるい子育て

87

子ども特有のファッションセンスには目をつぶる

こんな効果が！

主体性が高まる

着替えをいやがらない

公園行ってくるー
その服でっ!?
たっ
たっ
たっ

派手なキャラクターもののTシャツなど、子どもが着たがる服には大人から見てセンスがいいとはいえないものもあります。おしゃれが好きな親御さんであれば、我が子に自分の選んだ服を着させたいと望む気持ちもわかります。

でも、親好みの服を強制してばかりいると子どもの主体性が損なわれます。

あまりにも不似合いだとか、場違いすぎる服などでなければ、服選びにもできるだけ子どもの主体性を尊重したほうがいいでしょう。

それに自分で選んだ服なら、毎朝の着替えも喜んでするようになりますし、そのほうが親もラクでしょう。

ずるい子育て

88

モテる子に育つには、鏡を置いて、写りのいい写真を飾る

こんな効果が！

身だしなみに気を使うようになる

子どもが男子にしろ女子にしろ、親御さんには「自分の子が将来モテてほしい」という気持ちがあるはずです。

「モテる」ためには外見と内面の両方が大切ですが、ここでは外見について提案したいと思います。

モテる外見にするには、玄関に大きな鏡を置くことです。家から出入りするたびに鏡を見ることができ、服装、寝癖、口の回りの食べかすなどに気を使うようになります。

同時に、自分の見た目に自信をもたせる工夫もするといいでしょう。記念日や入学式など、整った素敵な姿で撮影した写真を飾っておくことで、子どもは「自分、ちょっといい感じ」と思えてさらに意識するようになります。

ずるい子育て89

「何を着ても似合う」は、子どもが自信をもつ魔法の言葉

こんな効果が!

見た目を整えることの大切さがわかる

スマホやSNSの発達で自分の写真を見る機会が増えたせいか、最近は男女問わずファッションや美容にいっそう関心が高まっているようです。そして、それは小学生にも同じことがいえます。

人は見た目だけではわかりませんが、見た目が人生に大きな影響を与えるのも事実です。ですから親としては、子どもが見た目にも自信をもてるようにしてあげたいものです。

ある人は、子どもの頃にお母さんから「何を着てもよく似合う。素敵だよ」と言われて、自信がついたそうです。この言葉は子どもに自信をつけてくれると同時に、見た目を整えることの大切さも教えてくれると思います。

ずるい子育て
90

「いい笑顔だね！」。人に好かれる子どもの育て方

こんな効果が！

共感的姿勢や思いやりが身につく

人から好かれるためには、外見だけでなく中身も大切です。それは思いやりや肯定的で共感的な言葉づかいなどです。

見た目がよくても、思いやりがなく否定的な言葉づかいが多いと、人には好かれません。この事実は小学生の段階でもあらわれます。

子どもに思いやりと好かれる言葉づかいを身につけさせるには、親が見本になるのがベスト。子どもが困っていたら叱るのではなく助ける、話を共感的に聞く、たくさんほめるなどが大事です。

また、外見と内面の中間にある要素として「笑顔」も大事です。親がいい笑顔の見本になり、子どもが笑顔のときには「いい笑顔だね」とほめましょう。

ずるい子育て
91

子どもにやる気がない？それ、ただの方向性の食い違いかも

こんな効果が！

主体性が高まる

「うちの子はやる気がない」「何事ももっとやる気をもって取り組んでほしい」と思っている親御さんは多いものです。でも、そう思い込む前に、親が自分の価値観を疑ったほうがいいかもしれません。というのも、親が子どもに対して「やる気がない」と思うとき、実際は親子で「やる気」の方向性が違っているだけということが多いからです。

勉強、運動、習い事などで親がやらせたいと望んでいることを、子どもが主体的に望んでいるとは限りません。親が自分の価値観に固執せず、子ども自身が熱中していることを応援してあげるべきです。

なぜなら子どもの人生は子どものものだからです。

ずるい子育て
92

大人の価値観や教育方針にこだわりすぎない

こんな効果が!

子どもが健全に育つ

ゲームは依存性が高いこともあり、「勉強ができなくなるのでは」と心配して与えたがらない親御さんも多いはず。

しかし子どもには子どもの交友関係があります。例えば子ども同士で集まって、ひとりだけゲームができない状況だとしたら、子どもが自分の友人関係を維持していくことは難しくなるでしょう。また親の前でだけいい子のふりをして、友だちといるときに隠れてゲームをしているようでは、そちらのほうが問題です。

親が自分の教育方針にこだわりすぎると、子どもはそれに耐えきれなくて息苦しくなることもあります。そういう状況は避けたほうがいいでしょう。

ずるい子育て 93

子どもの挫折は、立ち直る力を育てるチャンス

こんな効果が!

立ち直る力がつく
自分を見つめ直して成長する

子どもが試験に落ちたり試合で負けたりと、思った結果が得られず挫折したときの対応はとても大事です。子どもの気持ちに添って対応することで、「立ち直る力」が育つきっかけになります。

そっとしておいてほしい子には、むやみに話しかけないほうがいいかもしれません。それでも、見守ることは必要です。

くやしい気持ちを吐き出したい子なら、共感しながら聞いてあげてください。結果はどうあれ、がんばったところをほめることが大切です。努力が足りなかったなどと責めると立ち直りにくくなります。親自身の挫折経験を話してあげるのもいいかもしれません。子どもにとって、挫折経験は自分を見つめ直して成長する機会でもあります。

ずるい子育て
94

スキンシップは子どもの精神安定剤

こんな効果が!

精神的に安定する
自分自身を成長させていく

人は生まれ落ちた日から、体に触れてケアされることで生きられる生き物です。
親が子どもに触れることは愛情そのものであり、「大好きだよ。安心していいんだよ」と伝えるために欠くことのできない行為です。
でも、欧米では当たり前に行われるハグやキスなどのスキンシップが、日本の家庭ではそれほど行われていません。
日頃から子どもをもっとハグするなど、しっかりと愛情を伝えるようにしましょう。そうすれば子どもは精神的に安定し、友だちとの関係がうまく作れるようになったり、物事に集中して取り組めるようになったりします。

ずるい子育て
95

面と向かって言いにくいことは、LINEやメールを使う

こんな効果が!

気持ちを伝えやすい

ママ
ありがとう…
< 1　家族(3)
母
あなたは私たちの
宝物。大好きだよ。
一緒にいられて
うれしいよ。

いまはスマホを持っている子が多いです。どうせなら効率的に使いましょう。

大事なことなのに、ちょっと恥ずかしさもあって面と向かって言いにくいこともあります。そういうことはLINEやメールで伝えるほうが効果的かつ効率的です。

「いつもありがとう。助かるよ」「あなたは私たちの宝物。大好きだよ。一緒にいられてうれしいよ」「○○をがんばっているね。あなたのがんばっている姿がうれしい」など。

子どもを叱りすぎたときには、「さっきはひどいこと言ってごめん。言いすぎたね」と謝りましょう。LINEやメールも書き言葉なので、少しあらたまったことや口で言いにくいことも伝えやすいのです。

ずるい子育て
96

子どもを助ける深呼吸

こんな効果が!

子どもの自己肯定感の低下や、親への不信感増大を防ぐ

子育てにストレスはつきものです。疲れているときに子どもに騒がれたりすると、キレて怒鳴りたくなるときもあるでしょう。でも、暴言や暴力は子どもの脳の萎縮を招きますし、子どもの自己肯定感の低下や親への不信感の増大にもつながります。

キレるのを防ぐには、「深呼吸」がもっとも効果的です。胸いっぱい息を吸って、できるだけゆっくり吐きましょう。1回でも深呼吸をすると気持ちが静まり、子どもに感情をぶつけるのを避けられます。また、可能なら一時的にその場を離れるのも効果的です。

多すぎる家事や仕事は減らして、本当に大切なことに時間をかけたほうがラクですし、幸福度も上がります。

ずるい子育て
97

子どもの人生が変わる、親がまっすぐ生きる意味

こんな効果が！

子どもがやりたいことを見つける
人生を大きく展開できる

稲作文明の日本では、昔から「周りに合わせる」「横並び」「世間体を気にする」という国民性が根付いています。

子育てにおいても、世間からどう見られるかを気にしすぎたり、しつけ、成績、学歴、就職先などを周りと比べたりしがちです。そして、親も子も周りからはみ出したくない、みんなにおくれを取りたくないと思いがちです。

でも、このように周りに合わせることに最大の価値を置いていると、自分らしい人生を生きることはできません。親自身が周囲の目を気にしすぎず、子育ても含めて自分らしい生き方をしましょう。そして、子どもも自分の人生を歩めるように、その自由を保証してあげてほしいと思います。

ずるい子育て 98

ひきこもりやニートになる人生を避けるには

こんな効果が!

子どもが自信をもつ
積極的に行動できる

「子どもに将来ひきこもりにならないでほしい」と心配している親御さんも多いはずです。受験、就活、仕事などの失敗が要因になるケースもあるので、失敗から立ち直る力、つまりレジリエンスを高めておく必要があります。レジリエンスの基礎になる自己肯定感を育むようにしましょう。

学校や職場の人間関係がうまくいかないことが要因になるケースもあります。人間関係の基本は他者信頼感とコミュニケーション力なので、親子関係をよくしてそれらを育んでおきましょう。

特別なことをしなくても、自己肯定感と良好な親子関係のふたつを大切にしていれば大丈夫です。

ずるい子育て 99

目指すのは、子どもが勝手に幸せになっていくこと

こんな効果が!

子どもが幸せになる

「幸福感は学歴や収入より自己決定の度合いで決まる」ことが、神戸大学と同志社大学による約2万人を対象にした大規模な合同研究でわかりました。

ですから、子どもを幸せにしたいなら、趣味も習い事も部活も進路も含めて、何事も子どもの意思を尊重したほうがいいわけです。

「子どものため」といって親が押しつけるのは不幸のはじまりです。もちろん親の考えを子どもに伝えたり、親子で民主的に話し合うことはとてもよいことですが、最終決定は子どもの意思を尊重しましょう。

なぜなら、子どもの人生は子どものものだからです。親は監督ではなく応援団に徹しましょう。

ずるい子育て100

子どもが必ず幸せになるたったひとつの方法

こんな効果が！

必ず子どもの財産になる

結果は気にしなくていい

「将来、ひとり立ちして、幸せに生きてほしい」。親はそのためにお金も手間もかけ、子どもを教育し、いい学校に入れるよう勉強をがんばらせます。しかし、いま社会は大きく変化しており、予測がつきません。

でも、子どもが必ず幸せになる方法がひとつだけあります。それは、「本人が好きなことを応援する」こと。これは必ず本人の知識・経験という財産になります。

注意したいのは、親はけっして結果を求めないことです。社会は今後どうなるかわかりません。目先の結果には意味がありません。いくら応援しても効果が得られるのがいつかはわかりませんし、そのときには子どもは親の手を離れているかもしれません。それでいいのです。

親力アドバイス6

イライラを感じたら ゆるい服に着替える

子どもにイライラしてしょうがないという方は、だまされたと思って、ゆるい服に着替えてみてください。

なぜなら、レギンスやピッタリしたシャツ、締めつけるタイプの下着は、知らず知らずのうちに血行不良を招いたり、呼吸が浅くなり、体にストレスを与えているからです。子育て中はふだんからストレスが多いのですから、少しでも自分をいたわることを優先してほしいと思います。

最近は子どももスパッツやピッタリしたヒートテック、細いズボンなどをよく着ていますが、体を締めつけるのはよくありません。少し大きめのものやゆったりしたものを選ぶようにしましょう。呼吸や動きがラクになるだけでなく、脱ぎ着も簡単になり、ストレスが減ります。

［著者］
親野智可等（おやの・ちから）
教育評論家、親力アドバイザー。本名、杉山桂一。長年の教師経験をもとに、子育て、しつけ、親子関係、勉強法、学力向上、家庭教育について具体的に提案。人気マンガ「ドラゴン桜」の指南役としても著名。Instagram、Threads、X（旧Twitter）、YouTube、ブログ、メールマガジンなどで発信中。オンライン講演をはじめとして、全国各地の小・中・高等学校、幼稚園・保育園のＰＴＡ、市町村の教育講演会、先生や保育士の研修会でも大人気となっている。著書に『子育て３６５日　親の不安がスーッと消える言葉集』（ダイヤモンド社）、『反抗期まるごと解決BOOk』（日東書院本社）などベストセラー多数。

ずるい子育て

2024年３月26日　第１刷発行

著　者——親野智可等
発行所——ダイヤモンド社
〒150-8409　東京都渋谷区神宮前6-12-17
https://www.diamond.co.jp/
電話／03･5778･7233（編集）　03･5778･7240（販売）
装幀————田村梓（ten-bin）
イラスト——うのき
ＤＴＰ———道倉健二郎（Office STRADA）
校正————星野由香里
製作進行——ダイヤモンド・グラフィック社
印刷・製本—三松堂
編集協力——小嶋優子
編集担当——中村直子

ISBN 978-4-478-11997-6